커리어 가드닝

커리어

나만의 길을 찾아

평생 아름답게 가꾸는

삶의 기술

정재경 지음

가드닝

샘터

추천의 글

요즘사에서 닮고 싶은 4050 선배님을 모시고 인생 조언을 듣는 '요즘 선배' 코너에 정재경 님을 모셨을 때를 또렷이 기억한다. 누구보다 생기 넘치는 얼굴로 등장해, 커리어의 전환을 어떻게 맞이했는지, 마흔 이후의 삶을 어떻게 돌보고 있는지 차분히 풀어놓았던 재경 님. 그날의 대화에서 인상적이었던 건, 그 모든 변화의 순간에 조급함보다는 자기 자신을 믿으며 삶을 꾸준히 가꿔나갔다는 점이었다.

'이 길이 맞을까?'라는 물음 앞에 서 있는 이들에게, 재경 님은 '커리어는 쟁취하고 끝내는 것이 아니라 평생 가꾸고 돌보아야 하는 정원'이라고 답한다. 책을 읽으면서 무언가를 이뤄야 한다는 마음보다는, 정원을 돌보듯 나의 계절과 날씨를 살피며 천천히 일과 삶을 가꿔나가는 법을 배운다. 해가 바뀌어도 다시 잎을 내미는 식물들처럼, 나이가 들어도 생기 있게 나다운 일과 삶을 가꾸고 싶은 사람이라면 이 책에서 큰 위로와 용기를 받을 것이다.

이혜민 유튜브 & 팟캐스트 '요즘 것들의 사생활' 진행자 좋은 대학, 안정된 직장. 우리는 오랫동안 사회가 정해둔 정답에 맞춰 커리어를 설계해 왔다. 나 역시 스타트업에서 시작해, 모두가 선망하는 대기업을 거쳐, 지금은 나만의 회사를 운영하고 있다. 겉보기엔 그럴듯하지만, 그 안에는 숱한 질문과 불안이 있었다. 커리어에 대한 고민이 깊었지만 막상 누구에게도 털어놓을 수 없었다.

《커리어 가드닝》은 그런 나의 과거와 현재를 위로해 준다. 커리어를 더 높은 퀘스트를 깨기 위한 경쟁의 게임이 아니라, 나답게 살아가는 삶의 여정으로 바라보게 해준다. 막막한 마음에 한 걸음조차 떼기 어려운 순간, 먼저 그 길을 걸어본 언니의 따뜻한 목소리가 든든한 용기를 건넨다.

'앞으로 뭐 해서 먹고살지'라는 불안으로 책장을 열었다면, 덮을 땐 '잘 살아보고 싶다'는 의지가 남는다. 각자의 속도로 커리어라는 정원을 가꿔가는 우리 모두에게, 이 책은 길을 잃었을 때 삶을 다시 사랑할 수 있게 해주는 다정한 이정표가 되어줄 것이다.

황엄지 주말토리 대표

독립적으로 나의 일을 만들어가며 고민하고 방향을 다시 그리는 순간마다 펼쳐보고 싶은 책을 만났다.

커리어란 머리로 계획하고 계산해야 할 일처럼 느껴지지만, '어떻게 살 것인가'와 맞닿아 있는, 무엇보다 마음을 다해 써야 하는 일이다. 그런 점에서 나의 일을 만들어간다는 건 하루하루 정원을 돌보는 일과도 닮아 있다.

방향을 정하고, 가지를 치고, 뿌리를 내리며, 때로는 오래전 뿌려둔 씨앗이 불쑥 피어나는 기쁨을 누린다. 나 역시 그렇게, 계절마다 다르게 피어나는 나의 일을 바라보며 내 커리어 정원을 조금씩 키워왔다.

정재경 작가는 삶을 다채롭고 예술적으로 가꾸는 노련한 정원사다. 일과 삶 사이에서 '재미'와 '의미'를 잃지 않으면서도, 작은 소품 하나, 옷차림 하나로 나만의 개성을 더하는 위트도 놓치지 않는다. 내 안의 아이를 잃지 않고 나이 들어가고 싶은 사람들에게, 불확실한 시대에도 나만의 리듬으로 살아가고 싶은 모든 이들에게, 이 책은 흔들리는 날에도 나의 커리어 정원을 나다운 방식으로 가꾸어갈 수 있도록 꾸준한 용기를 건네줄 것이다.

정혜윤 사이드 네비게이터, 《**독립은 여행**》 저자

인생의 다정한 멘토 같은 책. 회사에 갓 입사한 신입사원이 선배를 졸졸 따라다니며 어깨너머로 업무를 익히듯, 이 책은 커리어와 삶을 어떻게 다듬어야 하는지를 바로 옆에서 차분히 알려주는 친절한 선배의 현장 수업 같다.

"꾸준히 운동해라, 예술을 가까이해라, 책을 많이 읽어라" 직설적인 조언 대신, 저자는 자신이 실제로 겪었던 수많은 장면을 세세하게 꺼내어 솔직하게 보여준다. 도망치고 싶었던 순간, 불공평했던 기억, 잠도 못 자고 몰입했던 날들까지. 그 이야기를 듣고 있노라면 나도 모르게 저자가 말하고자 하는 조언을 스스로 느끼게 된다.

책을 덮고 나서야 깨달았다. 추천사를 부탁받은 입장이었지만, 오히려 내가 훨씬 더 많은 것을 받아 간 독자였다는 걸. 인생에서 멘토가 있다는 것은 너무나 큰 행운이다. 이 책은 진로와 삶의 경계에서 고민하는 이들에게, 경험으로 말하는 든든한 멘토가 되어줄 것이다.

엄마처럼, 이모처럼, 언젠가 닮고 싶은 선배처럼 — 정말 좋은 멘토 한 명을 책으로 만난 기분이다.

박제영 (주)만월회 대표

프롤로그

뭐 해서 먹고살지?

우리는 각자의 방식으로 삶을 살아갑니다. 열심히 사는데도 갑자기 어디로 가야 할지, 무엇을 해야 할지 알 수 없는, 마치 길을 잃은 것 같은 때가 찾아옵니다. "뭐 해서 먹고살지?"라는 말이 나오는 순간.

유튜브 채널 '요즘 것들의 사생활'에 섭외받았을 때가 생각납니다. 세상이 말하는 정답이 아닌, 나다운 삶의 레퍼런스를 기록하는 자기 계발 채널입니다. 운영자인 이혜민 대표는 가장 활력 있는 선배로 제가 생각났다며 '요즘 선배' 코너의 인터뷰이로 저를 초대했습니다.

인터뷰 질문지에는 커리어 여정부터 식물 이야기, 40대 중반에 작가가 된 이유, 매일 아침 글을 쓰는 비결, 그리고 생기 있게 나이 드는 법까지 다양한 주제로 채워져 있었습니다. IMF 이후 첫 직장이 사라져 실업자가 되었던 순간, 창업을 결심했던 계기, 가로수길에서 카페를 했던 일, 아이를 키우며 일도 키운 과정, 어린 시절 품었던 글쓰기에 대한 꿈을 다시 찾아가는 여정 등을 이야기할 수 있었죠. 제 커리어는 완벽하지 않고 대단히 뛰어난 성과를 거둔 최고도 아닙니다. 하지만 그 순간순간의 최선을 찾아 할 수 있는 걸 했습니다.

인터뷰는 빈티지 조명에 책이 가득한 아늑하고 따뜻한 공간에서 진행되었습니다. 낮에 시작한 대화는 땅거미가 내려앉을 때까지 이어졌습니다. '요즘 것들의 사생활'에서 나눈 이야기는 담백하고 소박했습니다. 방송이 나간 후 놀랍게도 가는 곳마다 영상을 잘 봤다는 인사를 받았습니다. 도자기 작가님은 작업실에서 영상을 틀어놓고 작업 중이었다고 했고, 다른 작가님과 기자님, 독자님들도 제게 이 영상 이야기를 해주었습니다.

'요즘 것들의 사생활'은 열심히 살아가는 사람들에게 일종의 호그와트 같은 채널이었습니다. 인터뷰 영상의 댓글 중 하나가 마음에 오래 남았습니다. "40대는 무엇을 준비해야 하나요?"라는 질문이었죠. 마흔뿐 아니라 서른도, 스물도 늘 처음을 살게 됩니다. 그런데 '마흔'이라는 단어는 어딘지 모르게 꺾이는 느낌이 있고 조금 더 큰 막막함으로 다가옵니다.

어느 날 갑자기 눈앞에 사과가 툭 떨어진 것처럼 마흔도 그렇게 찾아옵니다. 열심히 달려왔지만, 고개를 들어보면 생각보다 이룬 것이 많지 않다는 현실과 앞으로도 이렇게 갈아 넣듯 살아야 한다는 무게감을 마주하게 됩니다. 그 마음은 내가 누구인지, 무엇을 좋아하는지 하나도 모르는 것 같은 공허함과 어지러운 혼란함으로 번져나갑니다.

이런 혼란은 저절로 해결되지 않습니다. 노력해야 알게 되고 답을 찾을 수 있습니다. 자신을 탐구하는 시간을 가져야 합니다. 이 과정은 사춘기처럼 내면의 지반이 흔들리는 경험이고 에너지 소모가 큰 일이어도 정신적 성장을 위해 꼭 필요합니다.

또 다른 고민은 생계를 위한 현실적인 문제였습니다. 고등학생 아들이나 대학생 조카들과 이야기를 나누어보면 '뭐 해서 먹고살지?'에 대한 고민을 들을 수 있습니다. 30대, 40대, 50대가 된 지인들도 같은 고민을 합니다. 70대 중반을 지나고 계신 부모님께서도 일을 그리워하십니다. "뭐 해서 먹고살지?"라는 질문은 평생 가장 오래 하는 말입니다.

경제적 자유를 갈구하는 사회적 분위기가 있습니다. 120세나 130세까지 살게 된다면…? 그러면 세상을 떠날 때까지 필요한 모든 생활비를 일을 하는 동안 벌어놓아야 한다는 의미입니다. 살날이 더 많은지, 살아온 날이 더 많은지 알 수 없는 상황에서 경제적 자유를 얻으라는 조언은 오히려 부담으로 다가옵니다.

저는 은퇴한 사람들의 사례를 수집하며 답을 찾아보려 했습니다. 지방 요지에 건물을 구매하고 은퇴했으나 상권이 소멸하여 임대료 하락으로 후회하는 사람, 경제적으로 성공했지만 은퇴 후 무료함에 어쩔 줄 모르는 사람, 사기를 당해 금전적 손실로 힘들어하는 사람 등 여러 가지 경우가 있었습니다.

경제적 자유를 얻는다 해도 이후의 삶은 많은 변수에 따라 달라진다는 것을 깨달았습니다. 그래서 저는 은퇴하는 대신 평생 일할 방법을 고민하기 시작했습니다. 그런 분들이 있는지 찾아보았습니다.

1920년생으로 올해 105세가 되셨으나 여전히 현역이신 김형석 교수와 1928년생으로 90대에도 하루 7시간씩 일했던 노라노 디자이너처럼 나이가 들어도 계속할 수 있는 일을 찾기로 했습니다. 이분들은 일을 돈벌이를 위한 수단만이 아니라 활력을 주는 도구로 바라보았습니다.

체력을 바탕으로 하는 일은 전성기가 빨리 오는 데 반해, 통합적 사고력을 활용하는 일은 나이를 먹을수록 경쟁력을 높일 수 있습니다. 80, 90세가 되어도 계속 성장하는 것이 있습니다. 예술가들의 후기 작품이 주는 감동이 더 진하게 느껴지는 이유입니다.

글쓰기도 그중 하나입니다. 평생 지속할 수 있는 일이자 삶을 풍요롭게 만드는 도구입니다.

'요즘 것들'이라는 말은 기성세대가 새로운 세대를 말할 때 비판적으로 사용하는 표현입니다. '요즘 것들의 사생활' 인터뷰에서 인터뷰어 이혜민 대표는 이제 더 이상 요즘 것이 아닌 것 같아 고민이라고 했습니다. 요즘 것을 나이로 바라본다면 그럴 수 있습니다. 그러나 요즘 것들을 구분하는 기준은 나이가 아니라 정신입니다. 요즘 것들이란 시대의 흐름에 순응하는 대신 자신만의 길을 찾으려는 꼿꼿한 사람들입니다.

나만의 정답을 찾아가는 과정은 끝이 없습니다. 40대도 처음이고, 50대도 처음이며, 60대도 처음입니다. 그래서 우리는 영원히 '요즘 것'일 수 있습니다.

커리어는 쟁취하고 끝내는 것이 아니라 평생 가꾸고 돌봐야 하는 정원입니다. 정원은 저절로 아름다워지지 않습니다. 씨앗을 뿌리고, 물을 주고, 잡초를 뽑아내며 끊임없이 손길을 더해야 합니다. 어떤 식물을 심을지 고민하고, 계절에 맞는 돌봄을 제공해야 합니다. 커리어도 마찬가지입니다.

스스로 방향을 설정하고, 꾸준히 정진하며, 필요할 때 가지를 치고 정비해야 합니다. 이 책은 바로 그런 고민에서 출발했습니다. '커리어를 어떻게 가꾸어야 할까?'라는 질문에 대한 답을 찾기 위해서요. 잡지 에디터로 시작해 창업가, 마케터, 디자이너, 작가, 창조성 코치로 이어진 저의 커리어 여정 역시 꾸준히 가꿔온 정원과 같습니다.

저는 이 책에서 정원을 가꾸는 마음으로 커리어를 설계하고 성장시키는 방법에 대해 이야기하려 합니다. 커리어 초입에 선 사람들뿐만 아니라 이미 오랜 시간 자신의 길을 걸어온 분들에게도 유용한 나침반이 되기를 바랍니다. 우리가 함께 씨앗을 심고, 물을 주며, 각자의 정원을 아름답게 가꿔나갈 수 있기를 바랍니다. 자, 이제 당신의 커리어 정원을 시작해 볼 준비가 되었나요?

차례

추천의 글   **4**
프롤로그 뭐 해서 먹고살지?   **8**

1장   커리어 씨앗 뿌리기

최선을 찾아 전진하기	**19**
안 해본 일이지만, 할 수 있다	**25**
좋아하는 일과 잘하는 일	**31**
좋아하는 일을 찾는 법	**37**
내 자리는 언제든 사라질 수 있다	**43**
기회를 만드는 법	**49**
자신을 스스로 작게 보지 말 것	**55**
일찍 시작할수록 좋은 것들	**61**
자연과 예술을 가까이하세요	**67**

2장   커리어 묘목 돌보기

그렇게 내 브랜드를 시작하게 되었습니다	**77**
뭘 팔지? 아이템 발굴	**84**
'하지 마' 대신 '이렇게 해봐'	**91**
일단 많이 하면 돼요	**97**
오래가는 브랜드가 될 수 있을까?	**103**
가로수길 2층 카페, 세컨드 팩토리	**109**
잘되면 생기는 일	**115**
성공을 대하는 태도	**122**
견디는 것도 실력	**128**

3장 커리어 가지 솎아내기

좋아하지 않는 일을 좋아하려면	137
기록을 책으로 만드는 법	143
자신감을 기르고 싶다면	149
그렇게까지 하고 싶지 않아요	155
생존을 위한 운동	161
커리어와 육아, 두 마리 토끼	167
어른의 사춘기	173
강점을 찾아 그냥 계속하기	179
부자가 되면 일하지 않을까?	186

4장 커리어 숲 키우기

나이가 아니라 실력	195
포기하지 않는 법을 배우는 시간	201
세상에 없던 것을 만드는 법	207
언제나 현재보다 커다란 꿈	213
가장 진화한 커리어란 무엇일까?	219
왜 열심히 살아야 하냐고 묻는다면	225
라이프 스킬	231
마인드셋 세팅값	237

에필로그 나만의 삶을 가꾸는 일	243
이 책을 먼저 읽은 분들의 말	248

1장

커리어

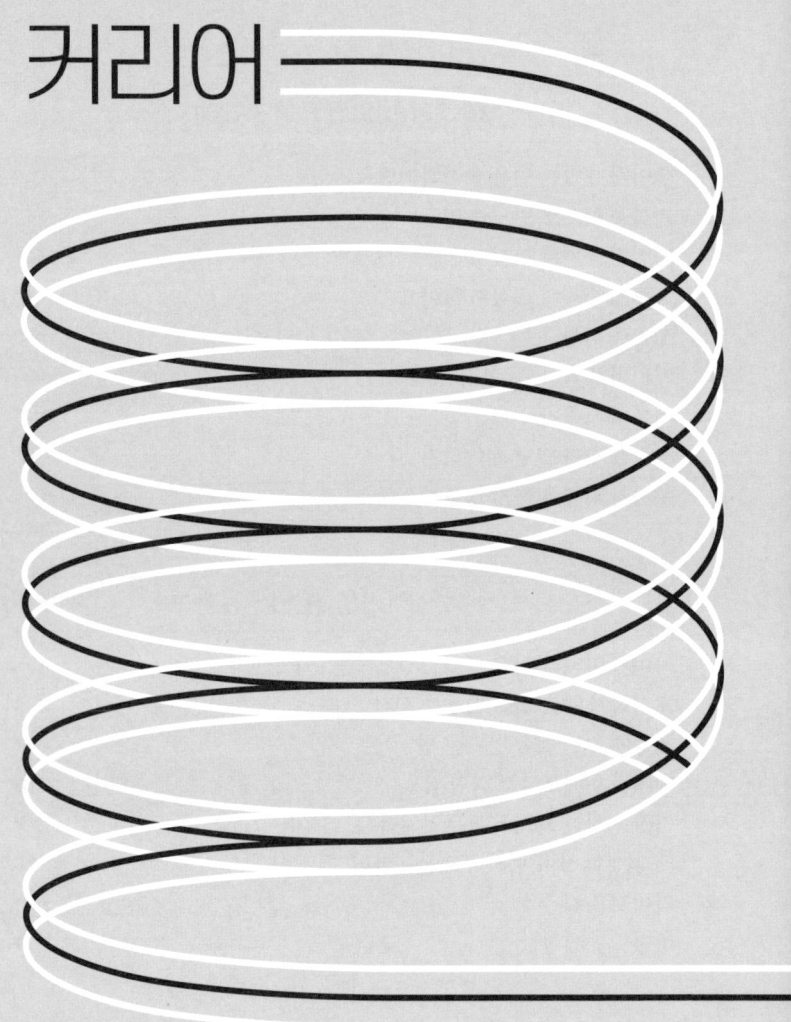

씨앗 뿌리기

최선을 찾아
전진하기

○

처음으로 '뭐 해서 먹고살지?'라는 질문이 떠올랐던 때를 기억합니다. 저는 딸부잣집 맏딸로 태어났습니다. 엄마를 가장 가까이에서 지켜보며 자랐습니다. 모든 딸들의 뮤즈가 엄마인 것처럼, 제게도 엄마는 그런 존재였습니다. 엄마는 오직 엄마의 손으로 2년 터울의 딸 넷을 키우며 제사를 모시고 살림을 꾸렸습니다. 엄마는 늘 일을 하고 계셨습니다. 정말 쉴 틈이 없었습니다.

그런 엄마가 안쓰러워 저는 어릴 적부터 엄마를 많이 도왔습니다. 일곱 살 때 설에 먹을 만두를 빚다가 자정이 넘어 상 앞에서 졸던 기억, 옥상에서 산더미 같은 빨래를 함께 널던 기억, 고기전을 만들고 동태살에 밀가루와 달걀물을 묻혀 기름에 부치던 기억 등, 그 생생한 장면들이 책갈피에 끼워둔 네 잎 클로버처럼 툭 하고 떨어집니다.

사람들은 맏딸인 저를 보고 '살림 밑천'이라고 했습니다. 제가 여자로 태어난 것, 맏딸로 태어난 것은 저의 선택이 아니었습니다. 그런데도 가는 곳마다 시집을 잘 가야 한다거나 남자를 잘 만나야 한다는 식의 훈수를 들었습니다. 사람들은 제가 누군지도 모른 채 저의 역할과 쓸모를 정했습니다.

인간의 본성은 독립과 자유를 갈망합니다. 타의에 의해 결정된 삶을 반기는 사람은 아무도 없습니다. 독립과 자유의 가치가 훼손될 때, 삶은 억압으로 변합니다. 엄마의 희생을 자양분 삼아 잘 자랐지만, 저는 엄마의 삶을 되풀이하고 싶지는 않았습니다.

인생을 살아가는 방법에는 크게 두 가지 선택지가 있습니다. 지금까지 그래왔으니까 살던 대로 사는 법과 지금까지 그래왔다 해도 그렇게 살지 않는 법입니다. 기존의 방향을 받아들이고 순응할 수도 있고, '왜?'라고 질문을 던지고 다른 방향을 결정할 수도 있습니다.

지금은 당연하게 여겨지는 일이 어느 시점에서는 당연하지 않았습니다. 믿기 어렵지만, 여성은 1928년 암스테르담에서 열린 올림픽 때 처음으로 육상 종목에 참가했으나 너무 약하다는 이유로 다음 대회부터 800미터 달리기에서 제외되었습니다. 여자 800미터 달리기가 다시 올림픽 종목이 된 것은 32년 후인 1960년 로마 올림픽 때입니다.

수많은 분의 저항과 각고의 노력으로 사회도 진화하고 있습니다. 《82년생 김지영》이 베스트셀러가 되었을 때, 게시판에서 이전 세대는 무엇을 했냐는 글을 본 적이 있습니다. '맏딸이라서', '여자라서', '막내라서', 그리고 '지금까지 그래왔으니까'라는 말 속에는 시대적 저항이 숨어 있습니다.

고등학교 때의 일이 떠오릅니다. 친구가 한 학원을 소개해 줬습니다. 학원비가 일반 단과 학원의 10배 정도였지만, 독서실이 포함된 가격이라 크게 차이 나지 않는다고 했습니다. 게다가 독서실이 새벽 1시에 끝나면 셔틀버스로 집까지 데려다주는 서비스도 제공한다고 했습니다. 저는 부모님을 설득해 그 학원에 등록했습니다.

그러나 학원에서 여학생은 독서실을 이용할 수 없다고 했습니다. 독서실은 남학생만 이용할 수 있다는 것입니다. 이유를 물었더니 위험할 수 있기 때문이라고 합니다. 독서실 문 앞에는 분명히 한자로 '여女'라고 쓰여 있었습니다. 그런데 그 공간에서 새벽 1시까지 공부하고 학원에서 준비한 셔틀버스를 타고 귀가하는 여학생은 한 명도 없었습니다.

수업료가 남학생과 여학생이 다른지 묻자, 수업료는 동일하다는 답변이 돌아왔습니다. 남학생이나 여학생이나 같은 수업료를 지불하는데 왜 남학생들만 독서실과 셔틀버스를 이용할 수 있는지 다시 묻자, 학원 측은 독서실과 셔틀버스는 서비스이기 때문에 수업료와 상관없다고 답했습니다. 그래서 저는 저도 이 학원의 학생이니 1시까지 독서실 서비스를 이용하겠다고 말했습니다.

원장 선생님은 책상에 앉아 고개를 숙이고 덥수룩한 머리카락을 움켜쥐었습니다. 골치 아픈 표정이었습니다. 다른 독서실에 가는 방법도 있었지만, 학원비도 부담스러운데 부모님께 독서실 비용까지 손을 벌리고 싶지 않았습니다. 저는 물러설 생각이 없었습니다. 결국 저는 여학생 독서실에서 가장 마지막까지 남아 있는 학생이 되었고, 이후에는 여학생들도 새벽까지 공부할 수 있게 되었습니다. 이 경우는 아주 작은 예입니다.

얼마 전 후배들과 이야기를 나누는데, 한 후배가 회식 이야기를 꺼냈습니다. 그는 아저씨 팀장과 블루스를 춰야 했던 회식을 떠올리며 몸서리쳤습니다. 이 얘기를 듣고 있던 다른 후배가 자기도 그게 싫어 회사를 그만두고 커리어가 단절되었다고 말합니다. 후배들이 저에겐 그런 경험이 없는지 물었습니다.

생각해 보니 제게도 비슷한 일이 있었습니다. 막내 시절, 당시 팀장도 회식에서 블루스를 추는 사람이었습니다. 노래방에서 팀장이 블루스를 추자며 팔을 벌리고 다가온 적이 있었습니다. 머릿속에 물음표가 에어 벌룬처럼 부풀어 오르며 어쩔 줄 모르던 그 순간, 선배가 팀장과 저 사이를 가로막으며 제게 단호히 말했습니다.

"저리 가서 앉아 있어."

선배는 자신의 스타일로 문제를 해결했습니다.

저희 엄마는 네 아이를 키우며 하나를 잃고 다시 하나를 얻었습니다. 70대 후반에 접어든 지금까지 활력을 유지하고 손주를 돌보며 생산적인 삶을 이어가고 있습니다. 며칠 전 통화에서 엄마는 10킬로그램의 쌀을 카트에 싣고 방앗간에 가면서 '할 수 있다, 할 수 있다'를 되뇌었다고 합니다. 왕복 6킬로미터, 버스 네 정거장을 걸어가 가래떡을 빼 오셨다는 겁니다. 운동 삼아 다녀오셨다는 말에 콧등이 시큰해졌습니다.

'지금까지 그래왔으니까'라는 관습에 질문하며 엄마도, 엄마의 엄마도, 그리고 그 이전 세대의 여성들도 할 수 있는 최선을 다해 있는 힘껏 살아왔습니다. 자연 속에서는 위기에 유전자를 변형하며 적응해 살아남은 돌연변이가 강합니다. 그 유전자가 후대로 계승되며 변화를 이끕니다. 여전히 불완전하고 미완성이지만, 개개인의 힘씀이 이어지면서 사회는 조금씩 나아지고 있습니다.

    때로는 엄마처럼 살고 싶지 않을 때도 있었습니다. 지금은 엄마처럼 살고 싶습니다. 엄마는 영원한 딸의 뮤즈입니다. 엄마는 이제 엄마의 뮤즈가 큰딸이라고 말합니다. 엄마는 딸의 책을 읽고 당신도 딸처럼 있는 힘껏 산다고 말합니다. 각자의 최선을 찾아 전진하는 것, 그걸 커리어라고 부르고 싶습니다.

안 해본 일이지만,
할 수 있다

○

　　　　　　　　　　버스 종점 앞 건물 2층. 미닫이문
을 드르륵 열고 들어가면 4B 연필의 향나무 냄새와 함께 라디
오 디제이의 나지막한 목소리가 반겨주었습니다. 석고상을 바
라보며 가지런히 늘어선 이젤 옆에 책가방을 내려놓고, 사물
함에서 연필과 칼을 꺼내 연필을 깎았습니다. 칼날이 연필심
에 닿을 때마다 사각사각 소리가 들렸고, 연필에선 반짝이는
검고 고운 가루가 떨어졌습니다.

　연필을 다 깎고 나면 이젤에 새하얀 도화지를 걸었습니다.
판 위에 올린 종이를 손바닥으로 밀어 평평하게 펼 땐 구겨진
마음도 넓고 깨끗해지는 것 같았습니다. 의자에 앉아 숨을 고
르고, 석고상을 바라보며 한쪽 눈을 감고 연필을 세워 비례를

잰 다음 종이 위에 윤곽을 그렸습니다.

연필을 쥔 손이 새하얀 도화지를 지날 때마다 선이 그려졌습니다. 흐린 선이 여러 번 지나가면 면이 되었고, 어두운 면적이 넓어질수록 아그리파는 점점 선명해지며 종이 위에서 튀어나올 것 같이 입체적인 모습이 되었습니다. 아무것도 없던 종이에서 선이 지날 때마다 생명력을 지닌 형상이 나타나는 걸 보며 저는 어떤 종류의 성취감을 느꼈습니다. 얼마나 몰입했는지 그리다 보면 어느새 밖이 깜깜해져 있었습니다.

그렇게 1년이 다 되어갈 무렵 원장 선생님이 미술을 전공해보면 어떻겠냐 물었고, 저는 선뜻 대답하지 못했습니다. 그 얘기를 들은 엄마는 미술학원은 그만 다니자고 제안하셨습니다.

대학에 진학하면 무엇을 공부해야 할지 고민이 되었습니다. 하루는 가방을 챙겨 교실 문을 나서는데 친구가 물었습니다.

"너는 무슨 과 갈 거야?"

"글쎄…. 나는 책을 좋아하고 사람들 이야기를 좋아하는데, 그럼 뭘 하면 좋을까?"

"그럼, 작가? 소설가? 기자?"

"어, 다 좋은데?"

"어! 너랑 어울리는 것 같아."

고등학생은 글을 쓰려면 국문과에 가야겠다고 생각했습니

다. 아빠와 진학에 관해 이야기를 나누다 국문과를 생각하고 있다 말씀드렸더니 아빠의 표정이 굳었습니다. K고, S대 출신 대한민국 초엘리트 아빠 친구들도 국문과를 나와선 밥 먹기 쉽지 않다며 다시 생각해 보라는 말씀이셨습니다.

그분들은 최고 학부에 남성이고, 저는 최고 학부도 아닌 데 다 여성이어서, 국문과를 나와서는 밥을 먹고 살 가능성이 더욱 낮아 보였습니다. 아빠는 국문과 대신 유아교육과를 권하셨는데, 인생의 중요한 일인 만큼 저보다 경력이 더 많은 아빠의 조언을 따르기로 했습니다.

다행히 대학엔 한 번에 합격했으나 예상하지 못했던 문제가 있었습니다. 공부가 너무 어려웠습니다. 첫날 첫 수업을 듣는데, 뇌세포 속 지질과 수분이 따로 놀며 융화되지 않는 기분이었습니다. 유아교육학은 인간의 유년기를 탐색하는 학문으로, 인간의 발달 단계를 이해하기 위해 필요한 지식의 범위가 넓었습니다. 철학, 인문학, 심리학 등 형이상학적인 학문에 대한 전방위적 조망과 함께 교육 기관에서 필요로 하는 실용 기술인 수학, 과학, 언어, 음악, 무용까지 익히는 커리큘럼을 갖고 있었습니다.

재미도 없고, 성적도 좋지 않았습니다. 아니다 싶으면 전공을 다시 선택하는 방법도 있었는데, 그저 졸업만 하자고 타협

했습니다. 살다 보면 예상과 다르거나 삐끗할 때가 있는데, 그럴 때 전략을 잘 짜야 합니다. 적당한 방법을 찾아 적당히 해서는 나아지지 않기 때문입니다.

하기 싫은 일을 죽도록 해봤자 너무 좋아서 미친 듯이 달려드는 사람보다 좋은 결과물을 내긴 힘듭니다. 즐기며 하는 사람은 온종일 노는 셈이기 때문에 24시간 일해도 지치지 않습니다. 압도적인 결과물이 따라옵니다. 시간이 쌓이면 둘의 성과에는 어떤 차이가 생길까요?

저의 성적표에는 적당히 타협하려는 마음이 고스란히 드러났습니다. 기업체에서 요구하는 스펙에 한참 모자라는 성적이었습니다. 공개채용에 지원 기준을 맞출 수 없었기 때문에 특별채용을 노리자고 마음먹었습니다. 기자 중엔 방송사 기자, 신문사 기자도 있지만 특별채용이 있는 잡지사 기자도 있었습니다.

목표는 정했는데 어떻게 실행해야 할지 방법을 몰랐습니다. 수소문해도 아는 사람이 없어서, 좋아하는 잡지를 구입해 보고 보고 또 보았습니다. 그렇게 몇 개월이 지나자 기자의 이름과 얼굴도 다 외우게 되었고, 독자로서 의견을 담은 애독자 엽서를 보낼 수 있었습니다. 이런 주제를 다뤄달라 제안한 기사가 나오기도 하고, 제가 추천한 인물이 인터뷰에도 등장했습니다. 독자 선물에 당첨되며 잡지사에 드나들 기회도 생겼습니다.

어깨너머로 본 사무실은 무척 매력적이었습니다. 수화기를 어깨로 누르고 손으로는 잡지를 넘기며 보고 있는 사람들. 책상 위에 펼쳐진 자료들마저 예술로 보였습니다. 그곳에서 일하고 싶었습니다. 잡지에 푹 빠져 있는 제게 친구가 잡지사에 자유 기고를 하는 언니를 알게 되었다며 만나보겠냐고 물었습니다. 망설일 이유가 없었습니다.

친구가 건네준 연락처를 들고 그 언니를 찾아갔습니다. 홍대 근처 주차장을 개조한 소박한 사무실이었는데, 언니는 몇 가지를 물은 후 도배지로 만든 명함에 제 이름을 새겨주었습니다. 그다음, 일을 나누어주었습니다. 주로 가구 거리나 옷 가게, 스트리트 패션을 찍는 일이었습니다.

이렇게 말하면 간단하지만, 페이지를 기획해서, 각각의 원고량과 사진 분량을 계산하고, 취재원을 찾아야 했습니다. 취재원에게는 미리 전화를 걸어 촬영 협조를 구하고, 각 취재원마다의 특장점을 분석하고, 정해진 시간 안에 사진과 원고를 준비해야 하므로 손이 많이 가는 일이었습니다. 그땐 20세기였으니 모든 게 아날로그로 이루어졌습니다.

논현동 가구 거리에 가서 간판에 적혀 있는 전화번호를 수집한 다음, 한 군데 한 군데 전화를 걸어 똑같은 이야기를 100번쯤 반복하면 취재 장소가 추려졌습니다. 사진기자와 함께 갔을 때 문전박대를 당하면 민망할 뿐만 아니라 시간이 훨씬 더 걸렸기 때문에 미리 동선을 확인하고 방문했습니다.

한글 프로그램으로 쓴 원고는 노란색 플로피 디스크에 담아 전달했습니다. 디스크에는 네임펜으로 '정재경 기자'라고 적었습니다. 종종 컴퓨터가 꺼져 원고가 날아가기도 하고, 어떤 일이 닥칠지, 어떻게 해결할지 정해진 것은 하나도 없는 우연과 불확실성의 날들이었습니다. 어떤 면에서는 느리고 촌스럽고 무식했지만, 그 시절은 빛바랜 사진에서 은은하게 배어 나오는 웜톤처럼 따뜻하게 기억됩니다.

처음엔 2페이지, 그다음엔 4페이지, 한 개이던 일이 두 개가 되고, 그런 식으로 일이 늘었습니다. 어느 날, 모 잡지에서 8페이지짜리 원고를 할 수 있는지 물었고, 주제는 연예인의 'What's in my bag'이라고 했습니다. 안 해본 일이지만, 일단 할 수 있다고 말했습니다. 할 줄 아는 일만 해서는 능력이 자라지 않기 때문입니다. 못하는 일을 되게 하는 과정에서 할 줄 알게 되는 것이 많았습니다. 그래서 저는 이 8페이지를 어떻게 해결했을까요?

좋아하는 일과
잘하는 일

○

한 번도 해본 적 없는 '연예인의 가방 속을 취재하라'는 8페이지짜리 꼭지를 받아 들고, 어떻게 해야 할지 고민하다가 며칠이 흘렀습니다. 아는 연예인은 한 명도 없고, 연예인을 아는 사람의 아는 사람도 없었습니다. 마감 날짜는 점점 다가오고 있었으나 친구들에게 물어도 뾰족한 답을 얻지 못했습니다. 손을 쓸 수가 없었습니다.

수첩의 연락처 정보를 펴놓고 누구에게 도움을 청할 수 있을까 한 명 한 명 생각해 보는데, 이름 하나에서 눈길이 멈췄습니다. 이벤트 회사를 운영하는 오빠였습니다. 전화를 걸어 사정을 설명하니, 어려운 일을 맡았다며 어떻게 해결할 수 있을까 함께 걱정해 주었습니다.

"아! 이렇게 해보면 어떨까? 연예인들이 촬영하기 전에 대기실에서 시간을 많이 보내거든. 거기서 가능하겠다. 내가 너라면 방송국 대기실에 가서 죽치고 앉아 있을 것 같아"라고 말했습니다. 생각도 못 한 방법이었습니다. "어, 그거 좋다, 오빠. 알았어. 해보고 말해줄게"라고 대답하고 전화를 끊었습니다.

사진기자와 함께 무작정 MBC 방송사를 찾아갔습니다. 방송국은 아무나 들어갈 수 있는 곳이 아니었습니다. 방문증이 있냐고 묻는 아저씨에게 사정을 설명했더니, 아저씨는 고개를 가로저었습니다. 명함을 내밀며 졸라도 아저씨는 끄떡도 하지 않았습니다.

마지막이라는 심정으로 "아저씨, 제가 이걸 해야 진짜 기자로 취업할 수 있어요. 도와주세요"라고 말했습니다. 그 말에 아저씨 표정이 달라지는 것을 느꼈습니다. 이때다 싶어, 비닐봉지에 든 박카스 한 박스를 내밀었습니다. 아저씨는 저를 보며 "그럼 들어가 봐"라고 말했습니다.

사진기자와 함께 대기실 문 앞에 서 있었습니다. TV 속에 나오는 사람들이 눈앞에서 걸어 다녔습니다. 긴장되었는지 겨드랑이에서 식은땀이 흘렀습니다. 그때 저 멀리 복도 끝에서 또각또각 걸어오는 구두 소리가 들렸습니다. 글래머러스한 몸매로 스타덤에 오른 톱 탤런트가 실루엣이 선명하게 드러나는 원피스를 입고 대기실 쪽으로 걸어오고 있었습니다.

드레스업하고 하이힐을 신은 그녀는 고등학생 가방처럼 커다랗고 무거운 백팩을 메고 있었습니다. 제겐 그 가방이 산타 할아버지의 선물 주머니로 보였습니다. 저 가방 속 소지품이라면 단숨에 몇 페이지라도 해치울 수 있을 것만 같았습니다.

그녀를 꼭 섭외해야 했습니다. 그녀에게 다가가 인사를 먼저 건넸습니다. 사정을 이야기하자, 그녀는 무거운 가방을 멘 채로 귀를 기울여 들어주었습니다. 가만히 듣고 있던 그녀는 "아기 기자님, 도와드려야겠네. 해드릴게요" 하며 대기실로 같이 들어가자고 말했습니다. 그러곤 선뜻 가방을 열어 책과 노트, 화장품 파우치를 꺼내 테이블 위에 올려주었습니다.

그 사이 사진기자는 소지품을 몇 개 쌓아 올리기도 하고, 바닥에 내려놓기도 하며 구도를 잡아 사진을 찍었습니다. 톱 탤런트인 그녀의 호의는 그뿐이 아니었습니다. 대기하고 있는 다른 배우들에게도 '아기 기자'를 소개하며 가방을 열어 취재를 도와주라고 권했습니다.

드라마 팀이 대기실을 지나간 다음엔 음악 프로그램 〈토요일 토요일은 즐거워〉 팀이 대기실을 메웠습니다. MC를 보던 신인 배우가 파란 투피스를 입고 등장했습니다. 얼굴에 뾰루지가 나 곤란하다면서도 가방을 열어 화장품을 보여주고 사진도 찍어 주었습니다.

하루 만에 8페이지 분량의 사진을 모두 찍을 수 있었고, 이 소식을 전하자 담당 기자는 뛸 듯이 좋아했습니다. 그다음 달에도 8페이지짜리 꼭지를 배당받았고, 그렇게 몇 달이 지난 다음 신문사 출판국으로부터 취업 제의를 받았습니다. 너무 좋았습니다. 좋아서 매일 보고 또 보던 것이 잡지인데 그게 일인 직장이라니!

게다가 그 회사는 모 일간지에 속한 출판국으로, 종교 재단에 소속되어 있어서 웬만해서는 회사가 문을 닫지 않을 것 같았습니다. 회사 로고가 찍힌 회색 다이어리와 함께 명함과 신형 노트북을 받았습니다.

편집장 자리에서 가장 먼, 맨 끝자리가 제 자리였습니다. 막내라는 이유로 선배들의 귀여움을 한 몸에 받으며 기자 대상 영화 시사회에 다니고, 뷰티 브랜드의 신제품 론칭 파티도 가고, 연예인 인터뷰를 하기도 했습니다. 한 달이 지나면 새 책이 한 권 나왔고, 선배들은 제가 진행한 꼭지를 매서운 눈으로 보면서 첨삭 지도를 해주었습니다.

매거진에도 전문 분야가 있습니다. 여성지의 경우, 크게 패션, 뷰티, 피처 기자로 나뉘었습니다. 막내 기자에게는 두루두루 아이템을 배당해 가장 잘하는 분야의 배당을 늘려갑니다.

그 분야의 업무 역량과 인적, 물적 네트워크를 확장하며 커리어가 자랍니다.

막내의 가장 중요한 업무 중 하나는 식사 주문이었습니다. 밥때마다 선배들이 원하는 메뉴를 받아 적은 다음 중국집, 백반집, 국숫집을 돌아가며 배달시켰습니다. 중국집에 배달할 때는 군만두 서비스를 꼭 챙겨야 합니다. 회의실 책상 위에 신문지를 깔거나 접어 정리하는 일도 막내의 몫이었습니다.

마감 땐 선배들과 책상 앞에 나란히 앉아 밤늦게까지 노트북 자판을 두드렸습니다. 새 책이 나와 한숨 돌리면 곧 또 마감이었습니다. 정말 바빴습니다. 제가 만든 책도 펼쳐볼 시간이 없었습니다. 좋아하는 일을 시간이 없어서 못 한다는 것은 핑계일까요? 사실일까요?

몇 번의 마감을 지내는 동안 정기구독하던 잡지는 포장된 그대로 방 한구석에 차곡차곡 쌓이고 있었습니다. 문득 그렇게 좋아하던 잡지를 한 권도 읽지 않고 있다는 사실을 깨달았습니다. 애독자 엽서를 보내고 담당 기자 이름을 달달 외울 정도로 좋아하던 잡지인데 '일'이 되니 마음이 점점 멀어졌습니다.

1년도 되지 않아 IMF가 왔습니다. 신문에서는 매일 기업이 부도났다는 소식이 들리고, 집안의 사업이 잘못돼 가정이 무너지는 친구들도 있었습니다. 저도 IMF의 바람을 피할 수 없었습니다. 잡지를 만들던 신문사 내 출판국은 '○○문화'라는 별도 법인으로 분리되었습니다.

사람들의 살림살이도 함께 쪼그라들었습니다. 신형 흰색 그랜저에 카메라를 가득 싣고 촬영장으로 향하던 선배는 가장 작은 차 티코로 바꾸고, 유류대를 줄이기 위해 이런저런 실험을 했습니다. 시속 60킬로미터로 달릴 때 연비가 가장 좋다며 고속도로를 60킬로미터 속도로 정속 주행했습니다.

상부에서는 진행비를 줄이라는 지시가 계속되었습니다. 회사가 별도 법인으로 분리된 지 1년도 채 되지 않아 경영난으로 문을 닫았습니다. 저도 신문 기사 속 실업자가 되었습니다. 다시 잡지사에서 일하고 싶었으나, 끝내 일자리를 구하지 못했습니다. 시기가 시기인지라 그랬기도 하겠지만, 대부분의 선배가 다시 직장으로 간 것을 보면 제가 부족했던 것 같습니다.

좋아하는 일이었으나 잘하지 못했던 것입니다. 좋아하는 일을 잘하지 못하는 것은 조금은 슬픈 일입니다. 좋아하는 일과 잘하는 일이 같을 때, 가장 행복한 시간을 보낼 수 있습니다. 그런 일은 어떻게 찾을 수 있을까요?

좋아하는 일을
찾는 법

○

　　　　　　　　대학에 들어가자마자 과외 아르바이트를 시작했습니다. 부모님께서 용돈을 주셨는데, 그 용돈으로는 딱 교통비와 식비, 교재비 정도만 감당할 수 있었습니다. 라네즈의 신상품 립스틱과 콤팩트를 사려면 용돈이 더 필요했습니다. 과외를 한 이유는 시간 대비 단가가 가장 높았기 때문입니다. 주로 영어와 수학을 가르쳤고, 인맥을 통해 알음알음 연결되었습니다.

　여의도 목화아파트에 살던 여고생도 누군가의 소개로 연결되었습니다. 복도식 아파트를 걸어 초인종을 누르면 갈색 강아지가 꼬리를 흔들고 킁킁 짖어대며 나왔습니다. 상을 펴고 앉아 《수학의 정석》과 《성문 기본영어》를 보고 있으면 강아지가 옆에 와서 몸을 비비곤 했습니다.

여고생은 저를 잘 따랐습니다. 반에서 꼴찌에 가깝던 수학 성적이 한 자릿수로 올랐습니다. 성적표를 받고서 "선생님, 저 ○등 했어요!"라고 말하는 학생에게 "어머, 어떻게?" 하고 되물었습니다. 가르쳐놓고도 성적 향상이 놀라워 믿을 수 없었습니다.

대학 4년 내내 과외 아르바이트를 했습니다. 과외는 다른 아르바이트보다 시간당 단가는 높았지만, 커리어 측면에서는 아쉬움이 있습니다. 만일 학원 강사나 선생님을 했다면 이 경력은 잘 쓰였을 것입니다. 돈도 중요하지만 커리어와 잘 엮을 수 있도록 전략이 필요합니다.

먼저 좋아하는 일이 무엇인지 아는 편이 유리합니다. 무슨 일을 좋아하는지 알아내는 데에는 두 가지 방법이 있습니다. 학원이나 학교에 다니며 배우는 방법과 현장에서 배우는 방법입니다.

학원이나 학교에서 배워서 수료증 또는 졸업장이 있어도 일을 하려면 어차피 실무를 다시 배워야 합니다. 아르바이트부터 시작하면 수업료를 지출하는 대신 소득을 올리며 배울 수 있습니다. 시간당 단가는 높지 않아도 내가 좋아하는 분야에서 기반을 단단하게 만들 수 있습니다.

좋아하는 일을 찾았다면 그 분야에서 경력을 쌓는 게 좋습니다. 미술교육을 전공한 어떤 사람은 미술학원에서 아르바이트를 하고 뮤지엄에서 도슨트로 일했습니다. 여행을 가면 현지의 미술관을 보고 아트페어를 관람했습니다. 대학교 졸업 후에는 미술학원을 운영하고 미술품 콜렉터가 되어 수집한 작품을 미술교육에 다시 활용하며 독특한 커리큘럼을 만들어갔습니다. 이 정보들을 유튜브나 인스타그램 같은 SNS 채널에 쌓아 책으로 출간했습니다. 근성과 공들임으로 촘촘하게 탑을 쌓은 것입니다.

작가가 되고 싶다면, 서점에서 아르바이트를 하며 출판계의 동향과 인맥을 수집하고 도서관 사서로 일합니다. 논술 지도를 하거나 국어 과목 강사로 일해도 좋을 것입니다. 해외 도서관도 탐방하고 북페어에 참관합니다. 그리고 채집한 글감으로 계속 글을 발행합니다. 글이 모이면 책으로 엮어 내거나 신춘문예에 응모해 봅니다.

정치외교학과를 다닌다면 학생회 활동을 하며 정당이나 국회에서 아르바이트합니다. 브랜드 창업에 관심이 있다면 브랜드 회사에서 아르바이트를 합니다. 요식업에 관심이 있다면 칵테일바, 레스토랑, 카페에서 일하며 전문 분야를 찾아보는 것도 좋습니다. 시간을 쌓아야 합니다.

학교를 졸업한 후 사회인으로서 시도하기에는 한계가 있습니다. 학생 신분으로 새로운 시도를 해보는 것에 대해서는 사회가 너그러운 시선으로 바라봅니다. 학생 때의 아르바이트는 본격적인 커리어를 시작하기 위한 탐색으로 이해하고 많이 알려주려 합니다.

직원으로 일하면, 아니다 싶을 때 그만두기가 어렵습니다. 입사 지원을 하고 채용되는 과정에 많은 정성과 준비를 기울여야 하기 때문입니다. 회사를 여러 번 옮겼다면 이력서에 쓰기도 곤란합니다. 아르바이트 경험은 입사지원서에 쓰기 좋습니다. 좋아하는 분야에서 신이 나서 일하고 있다면 지원서를 쓰기 전에 취업할 수도 있습니다.

아르바이트는 정규직 일자리보다 시간당 단가가 낮은 데다 몸을 많이 써야 하는 걸로 여겨집니다. 우리가 종종 잊고 있는 사실이 있는데, 머리도 몸의 일부분입니다. 몸을 써야 머리도 좋아집니다. 일머리가 좋은 사람은 몸과 머리를 같이 쓰기 때문입니다.

몸의 속도가 빠른 것은 부자가 될 가능성도 높입니다. 《크게 생각할수록 크게 이룬다》라는 책에서는 부자가 되고 싶다면 몸의 속도를 25% 빠르게 유지하라고 말합니다. 어슬렁거리는 사람과 몸이 잰 사람, 두 사람의 생산성을 비교하면 어느 쪽이 높을까요? 하루, 한 달, 일 년이 쌓이면 어떻게 될까요?

내가 무엇을 좋아하고 어디에 적성이 있는지, 재능이 무엇인지 모르겠다면 탐사하듯 다양한 아르바이트를 해보는 것이 좋습니다. 유전도 위치를 찾고 시추 봉을 꽂는 분투가 있어야 석유를 찾아낼 수 있습니다. 재능은 유전과 같습니다. 편안하게 앉아서 찾기는 힘듭니다.

좋아하는 일이 무엇인지 알 수 없을 땐 하고 있는 일을 잘하는 데에 매진해 보세요. 몸에 밴 기술은 모두 내 것이 되기 때문입니다. 그 직업을 가진 것처럼 모든 것을 배워보세요. 사업의 성패를 가르는 디테일은 현장에서만 배울 수 있습니다.

아르바이트로 시작했다 하더라도 전문성을 갖춘다면 프리랜서 사업가와 같습니다. 브랜드 전문회사 JOH를 설립한 조수용 대표는 대학교 다닐 때 아르바이트하며 명함에 '아트 디렉터'라고 써넣었다고 합니다. 그러면 아르바이트보다 단가가 높았기 때문입니다.

현장에서 일해야 하는 이유 중 하나는 인연 때문입니다. 정말 좋은 일자리는 채용 시장에 나오지 않는 경우가 많습니다. 일은 사람과 사람이 만나 하게 됩니다. 실력도 중요한 요소지만 100% 실력으로 결정되지 않습니다. 나와 재미있게 일하면서도 잘할 수 있는 사람에게 그 일을 부탁하게 되기 때문입니다.

실제로 아르바이트가 취업에 큰 영향을 미쳤다는 조사 결과도 있습니다. 2023년 잡코리아와 알바몬의 설문 조사에 따르면, 직장인 2명 중 1명은 아르바이트했던 직무 및 분야로 취업했고, 10명 중 8명은 아르바이트가 취업에 도움이 됐다고 답했습니다. 그 이유로 '아르바이트를 하면서 내 적성과 소질이 무엇인지 파악할 수 있었다'는 응답이 가장 많았습니다.

좋아하는 일을 찾는다는 것은 나를 찾는 일입니다. 내가 누구인지, 무엇을 좋아하는지, 어떤 환경에서 빛나는지. 그 답은 책상 앞이 아니라 작은 시도, 실패와 성공, 그리고 인연 속에서 발견됩니다. 오늘 내가 할 수 있는 아주 작은 일부터 시작해 보세요. 분명히 나만의 답을 찾을 수 있을 것입니다.

내 자리는 언제든
사라질 수 있다

○

　　　　　가족들과 〈국가 부도의 위기〉라는 영화를 보았습니다. 머릿속 기억은 흐릿한데 가슴이 저릿했습니다.

　많은 분께 그렇듯, 제게도 IMF 시절은 돌이켜 생각하고 싶지 않은 기억입니다. 그땐 환율이 거의 3배가량 폭등했고, 금리가 20%가 넘었습니다. 그것은 모든 것들의 가치가 3분의 1로 떨어졌음을 의미합니다. 다니던 직장이 사라졌고 스물다섯에 실업자가 되었습니다.

　아직 20대 중반밖에 안 됐는데, 뭘 해서 먹고살까? 다시 직장을 가질 수 있을까? 이력서를 아무리 넣어도 소식이 없었습니다. 지금 생각해 보면, 제가 힘들었다는 말은 어리광일지도 모릅니다. 수많은 가장이 일자리를 잃었습니다.

기숙사가 있을 정도로 큰 규모의 공장을 운영하시던 친구 아버지는 하루아침에 길거리로 나앉았고, 부동산을 많이 갖고 계시던 또 다른 친구의 아버지는 살림살이에 빨간딱지가 붙고 헐값에 처분해야 했습니다.

그땐 차마 말하지 못하다가 훗날 온 식구가 단칸방에서 생활했다면서, 눈물을 글썽거리며 외부에 있는 공동 화장실을 썼던 경험을 말해주는 친구도 몇 있었습니다.

쪼그라든 경제 위기엔 일자리가 없었습니다. 하루는 친한 선배에게 연락이 왔습니다. 좋은 일자리가 있다며, 저에게 소개해 준다는 겁니다. 잘될 거라는 확신이 있기 때문에 자기 퇴직금을 모두 그 회사에 투자했다고 말했습니다. 제가 일을 잘하기 때문에 당신의 사업에 저를 초대한다고 했습니다.

찾아간 곳엔 사람이 너무 많았습니다. 며칠 전 뉴스에서 본 곳과 닮았다고 생각했는데, 바로 그곳이었습니다. 다단계 사업의 설명회장이었습니다. 선배의 제안을 거절하고 나오는데 쑥을 씹은 것처럼 썼습니다.

그즈음 모교 교수님께서 조교실을 통해 연락을 주셨습니다. 모 회사의 홍보팀에 계약직 일자리가 있는데 혹시 생각이 있는지 의사를 물어보셨습니다. 계약직이냐 정규직이냐 이것

저것 가릴 처지가 아니었습니다. 가겠다고 말했습니다.

홍보팀에선 보도자료를 작성하고, 언론사에 배포하고, 소식지와 영상 등 홍보물을 제작하는 업무를 맡았습니다. 기자로서 홍보물을 접해 보았기 때문에 낯설지 않았습니다.

새로운 일도 많이 했는데, 그중 하나는 행사 도우미였습니다. 회사에 시상식이나 개원식 같은 이벤트가 있으면 예쁘게 단장하고, 한복을 입고 띠를 두른 채 수상자 옆에서 상장을 들고 서서 밝은 미소를 지었습니다.

그 회사의 업무시간은 7시부터 4시까지였습니다. 모두가 7시에 출근하지만 4시에 퇴근하는 사람은 아무도 없었습니다. 그중에 한 선배가 기억납니다. 꼼꼼하고 성실하게 일하는 그 선배에게서는 배울 점이 많았습니다.

저보다 두 살 많은 선배는 전년도 우수사원상을 받았고 정말 열심히 일하는 사람이었습니다. 선배는 광역 버스를 타고 출퇴근했습니다. 선배가 사는 지역에서 7시까지 출근하려면 5시 40분 차를 타야 한다고 말했습니다. 그리고 막차를 타고 퇴근했습니다. 귀가 시간은 12시가 거의 다 된다고 했습니다. 12시에 집에 가고 5시에 일어나는 선배가 '나'를 위해 쓰는 시간은 거의 없었습니다. 하루 24시간 중 취침 시간을 제외한 모든 시간을 회사 일에 썼습니다.

어느 날 그룹 구조조정본부에서 공문이 내려왔습니다. '해고 TO'가 2명이라고 했습니다. 누가 그 2명이 될까. 사람들이 수군수군하며 서로 눈을 마주치지 않았습니다. 그런데 그 선배가 2명 중 한 명이 되었습니다. 그 선배는 우수사원상을 받을 만큼 업무 능력을 인정받는 사람이었고, 자는 시간을 제외하고는 모두 일했습니다. 그런데, 왜…?

회사에서 내 자리는 언제든 사라질 수 있습니다. 그 이후로 저는 7시에 출근하고 4시 30분쯤 퇴근했습니다. 자기 계발을 위한 시간을 확보하겠다고 마음먹었습니다. 그렇게 시간이 흐르니, 동료들에게 저는 늘 떠날 준비를 하는 철새 같은 동료로 여겨졌습니다. 좋은 회사를 소개해 주거나 같이 일하자고 말해주는 사람이 없었습니다.

일은 혼자 할 수 없기 때문에 선후배, 동료들과 좋은 관계를 맺고 일해나가는 게 정말 중요합니다. 일은 성과를 내는 것뿐 아니라 업계의 사람들과 연결되는 것입니다. 성과가 열매라면, 관계는 뿌리입니다. 뿌리가 튼튼하지 않으면 열매가 튼실하게 맺히기 어렵습니다.

주어진 일을 잘하는 것은 물론이고 과정, 관계, 일 이후의 마무리까지 믿고 맡길 수 있는 사람이라는 걸 꾸준히 증명해야 합니다. 왜냐하면 나의 능력은 알아봐 주는 사람이 있을 때

기회가 되기 때문입니다. 온라인에서 팔로워 숫자는 영향력을 의미하지만, 때로는 오프라인에서 사람의 말 한마디가 그보다 더 파급력 있는 경우도 있습니다.

갈 데가 없던 저는 커리어 성장을 위해 대학원에 진학했습니다. 경영학과에 들어가 세부 전공은 E-business를 선택했습니다. 첫 학기 수업을 듣는데, '비즈니스 디자인'이라는 용어를 배웠습니다. 질문이 있으면 하라는 교수님의 말씀에 "비즈니스를 어떻게 예쁘게 하나요?"라고 물었습니다.

교수님은 비즈니스 디자인은 제품이나 서비스를 설계하는 것을 넘어, 기업 전체의 비즈니스 모델과 운영 체계를 재구성하는 것을 말한다고 친절하게 설명해 주셨습니다. 5학기 후 졸업할 땐 2등으로 금반지를 받았습니다.

석사 학위를 받은 다음, 또 부지런히 이력서를 넣었습니다. 그땐 이미 서른이 되었고 기혼녀였습니다. 여성은 결혼하면 회사를 그만두어야 한다는 암묵적 분위기가 있었습니다. 반기는 곳이 별로 없었습니다. 그렇다고 해도 뛰어난 인재라면 스카우트가 되었을 것입니다.

교수님께서는 박사 과정을 권하셨지만, 선뜻 결정하지 못했습니다. 아무리 계산해 봐도 둘의 월급으로는 서울에 있는 아파트 한 채 마련하기가 쉽지 않을 것 같았기 때문입니다. 다른 방법을 찾아야 했습니다.

  그즈음 우연히 동아일보에 연재되던 세이노 선생의 글을 만났습니다. 내 집을 마련하려면 취업이 아니라 사업을 하라고 조언했습니다. 사업은 내가 자고 있어도 수입이 들어오는 것이라고 정의합니다. 학원은 내가 일해야만 매출이 발생하니 사업이 아닙니다. 온라인 비즈니스는 내가 일하지 않아도 매출이 일어나기 때문에 사업입니다.

  취업만을 생각하던 머릿속에 '사업'이 자리를 잡기 시작했습니다.

기회를
만드는 법

○

 사회에 처음 나올 때는 경험도, 전문성도, 인맥도 없습니다. 크게 성장한 사람도 시작은 다 그렇습니다. 방송인 박경림이 유튜브 채널 '요정재형'에 출연해 커리어 성장 스토리를 들려주었는데, 그 이야기를 소개합니다.

 박경림은 고등학생 때부터 라디오 프로그램에 출연해 이름을 알렸고, 개그맨으로, 가수로, 배우로 다양한 활동을 보여온 크리에이터입니다. 현재는 행사 MC로 인기가 높아 1년에 100여 개의 행사를 진행한다고 알려져 있습니다.

 그녀는 어릴 때부터 MC가 되고 싶었다고 합니다. 초등학교 6학년 때 전교 체육대회 사회를 본 것부터 시작해, 고등학교 때에는 다른 학교 행사를 3만 원씩 받고 진행했습니다. 박경림은 고등학생 시절 MBC 라디오 이문세의 〈별이 빛나는 밤에〉에 교복을 입은 '돌발소녀'로 라디오 출연을 시작했습니다. 프로그램 작가는 그녀에게 라디오 프로그램 중 한 코너인 '그는 누구인가'의 소개 글을 직접 쓰게 했습니다.

덕분에 그녀는 고등학생 신분으로 MBC 방송사 출입증을 받았습니다. 그저 출입증에 불과했지만, 방송국에 가는 게 너무 좋아서 매일 아침 9시부터 밤 10시까지 방송국 자료실에서 시간을 보냈습니다. 일주일 내내 MBC 자료실에서 신문, 잡지 등을 찾아보며 그 일을 해냅니다.

그녀는 오전, 오후 스튜디오를 돌며 사람들에게 인사를 했습니다. "안녕하세요, 박경림입니다. 저는 라디오 프로그램에 출연하고 있고, 매일 아침 9시부터 밤 10시까지 자료실에 있습니다"라고 말했습니다.

처음에는 별다른 일이 없었습니다. 그런데 비가 많이 온 어느 날, 프로그램에 출연하기로 되어 있던 분들이 교통 정체로 제시간에 도착하지 못하는 사고가 발생했습니다. 그때 박경림을 찾는 전화가 왔습니다. 그녀는 자료 조사를 할 때 늘 라디오를 들었기 때문에 어느 프로그램에 어떤 코너가 있는지 다 꿰고 있었습니다. 갑작스러운 섭외에도 당황하지 않고 프로그램을 진행했습니다.

고정 프로그램이 점점 늘었습니다. 프로그램을 진행하며, 시트콤에도 출연하고, 가수로 앨범도 냈던 3년 동안 하루 수면 시간은 2~3시간에 그쳤다고 합니다. 그러한 근면 성실함으로 그녀는 만 22세에 연예대상을 수상합니다. 너무 어린 나이에 큰 상을 수상한 것이 오히려 그녀에게는 부담이 되었고, 그전부터 계획했던 유학을 떠납니다. 미국에 가보니 자신은 아무것도 아니라는 깨달음을 얻고 돌아왔습니다.

결혼 후 방송 활동이 차츰 줄어들던 그녀에게 영화 제작 발표회 진행 섭외가 들어왔고, 3개월 후쯤 또 한 개가 들어왔고, 점점 더 많이 들어와 지금은 1년에 100여 개의 행사를 진행하고 있습니다.

10대의 박경림이 커리어를 확장한 방식을 세부적으로 살펴보면 이렇습니다. 교복을 입고 매일 방송국에 오는 고등학생은 눈에 띄었을 것입니다. 매일 인사를 하고, 자료실에서 열중해서 무언가 하고 있는 모습은 PD와 작가들에게도 깊은 인상을 남겼을 것입니다.

비가 많이 오거나 눈이 많이 내린 날에 이동이 불편한 것은 그녀에게도 마찬가지입니다. 그런데도 그녀는 언제나 오전 9시부터 오후 10시까지 자료실에 있었습니다. 방송국에 도착하는 시간을 맞추려고 더 일찍 집을 나섰을 것입니다.

혹시나 해서 연락해 보면 자료실에 늘 그녀가 있었기 때문에 프로그램은 위기 상황을 넘길 수 있었고, 그녀는 기회를 얻을 수 있었습니다. 그녀는 고등학생이라서, 목소리가 허스키해서, 고정 출연이 아니라서 등등 스스로 한계를 두지 않았습니다. 부족한 전문성을 착실함으로 극복하며 기회를 일궜습니다.

처음부터 마음에 드는 일자리를 찾을 가능성은 높지 않습니다. 자리가 넉넉하지 않은 사회에 대한 불만이 생기기도 합니다. 하지만 사회는 큰 유기체와 같아서 어디서부터 누구의 책임인지를 생선 살 바르듯 발라낼 수 없습니다. 분명한 것은 우리도 그 사회의 일원이라는 사실입니다.

김형석 교수의 책 《백년을 살아보니》에 손기정 선생에 대한 일화가 나옵니다. 참고로 손기정 선생은 1936년 제11회 베를린 올림픽 마라톤에서 2시간 29분 19초로 올림픽 신기록을 수립하며 우승했습니다. 당시는 일제 강점기였기에 일본 국적으로 출전해야 했고, 시상대에서는 일본 국가가 연주되고 일장기가 올라갔습니다. 이에 대한 저항의 의미로 동아일보는 손기정 사진에서 일장기를 지운 채 보도했고, 이는 유명한 '일장기 말소 사건'으로 남았습니다. 이 사건은 일본에 나라를 빼앗긴 우리나라 국민에게 용기와 희망을 주었습니다.

책 속에는 손기정 선생이 상금을 받고 세금을 내기 위해 세무사를 찾아간 이야기가 있습니다. 세무사는 선생에게 직업도 없고 연세도 많아서 상금에 대한 별도의 세금 신고가 필요 없다고 안내했습니다. 그러나 선생은 국가로부터 받은 혜택이 많으니 세금을 내야 마음이 편하다고 세금을 계산해 달라고 청했습니다. 세무사가 계산서를 전하니 세금이 너무 적다며 다시 계산해 보라고 했고, 세금을 더 많이 내도록 계산한 금액을 보고서야 나라에 세금은 이 정도는 내야 한다며 흡족해했다고 합니다.

손기정 선생의 태도는 감사입니다. 감사하는 마음은 도파민과 세로토닌 같은 긍정 호르몬 분비를 높이고, 긍정적 감정, 자기조절, 스트레스 대처 능력을 담당하는 신경회로(특히 전전두엽, 해마, 편도체 등)를 반복적으로 활성화해 뇌의 긍정적 회로를 강화하고 회복력을 높입니다.

반면 불평불만에 싸인 만성적 부정 감정은 신경망을 부정적으로 재배선하고 코르티솔 분비를 높여 심혈관계와 면역계에 악영향을 미칩니다. 해마(기억, 학습 담당) 위축, 편도체 과활성, 전전두엽 기능 저하 등으로 이어질 수 있습니다.

감사는 습관입니다. 작은 것에서부터 감사하고, 성실하게 일하며, 사람들에게 웃는 얼굴로 대하는 것. 박경림의 커리어는 이런 태도에서 비롯되었습니다. 기회는 준비된 사람, 성실한 사람, 감사하는 사람에게 옵니다. 불평은 나와 세상을 멀어지게 하지만, 감사는 나와 세상을 이어줍니다. 커리어의 성장도, 인생의 성장도 이 힘에서 시작됩니다.

자신을 스스로
작게 보지 말 것

○

　　　　　　　　　오랜만에 친구들을 만났습니다. 전시를 본 후 카페에 앉아 이런저런 이야기를 나누었습니다. 문득, 만약 20대로 돌아갈 수 있다면 다시 돌아가고 싶냐고 물었습니다. 다섯 명 모두 고개를 저었습니다. 그 시절로 돌아가고 싶은 사람은 아무도 없었습니다. 하지만 "그때 이걸 했더라면" 하고 아쉬운 점을 묻자, 외국에 나가 살아보거나 유학을 가지 못한 것이 아쉽다는 대답이 많았습니다. 저 역시 그랬습니다.

　대학교 때 친하게 지내던 언니가 있었습니다. 졸업 후 언니는 전공을 살려 싱가포르의 유치원에 취업했습니다. 가까운 사이였기에 언니는 저에게 같이 가지 않겠냐고 물었습니다.

저는 깊게 고민하지 않고 바로 거절했습니다. 그때 제게는 하고 싶은 일이 따로 있었기 때문입니다.

언니는 싱가포르에서 일하며 IMF를 겪었습니다. 언니는 싱가포르 달러로 월급을 받았고 차곡차곡 돈을 모았습니다. 원화 가치가 폭락해 어학연수를 떠났던 친구들이 귀국하는 일이 많았지만, 언니는 스스로 번 돈으로 유학을 떠났습니다. 미국에서 석박사 과정을 우수한 성적으로 마치고 교수가 되었으며, 그곳에서 사랑하는 사람을 만나 삶의 터전을 잡았습니다.

결혼을 준비하던 시절, 유학을 고민한 적이 있습니다. 남편은 학생, 저는 직장인이었습니다. 유학을 떠난다는 것은 아는 사람이 아무도 없는 낯선 곳에서 공부를 하고, 경제적으로 갑갑함을 견뎌야 하며, 기반을 새로 닦아야 한다는 것입니다. 모든 걸 내려놓고 불확실성에 몸을 던져 처음부터 다시 시작한다는 두려움이 컸습니다. 유학은 선택지에서 사라졌습니다.

제가 미국이든 영국이든, 전 세계 어디에서든 장학금을 받을 수 있을 만큼 공부를 잘 해낼 거라는 믿음이 없었습니다. 어쩌면 게으름 뒤에 숨어서 탐스럽게 매달린 포도를 바라보며 신 포도일 거라고 스스로 위안하는 여우와 같았습니다. 새로운 환경에서 다른 나라의 문화를 접하고, 다양한 국적의 친구를 사귀고, 경험해 보지 않은 일을 하는 것을 신선함이라고 받아들이지 못했습니다. 한마디로, 20대의 저는 자신을 스스로 아주 작게 보고 있었습니다.

내가 이 일을 해낼 수 있다는 기대와 확신은 자기효능감self-efficacy입니다. 캐나다 심리학자 앨버트 반두라가 제시한 이 개념은, 특정 상황에서 필요한 행동을 성공적으로 수행할 수 있다는 자기 능력에 대한 믿음을 의미합니다. 자신감이나 자존감과는 다릅니다. 자존감이 자신의 존재나 가치에 대한 평가라면, 자기효능감은 특정 과업이나 행동을 성공적으로 해낼 수 있다는 자신의 능력에 대한 평가입니다.

사회과 강사로 유명한 이지영 선생님이 있습니다. 그녀는 어린 시절 극심한 가난을 겪었습니다. 반지하 월세방, 허름한 빌라에서 어린 시절을 보냈고, 중학교 때는 집이 수해로 잠겨 교복, 책은 물론 그녀가 가장 아끼는 필기 노트까지 잃었습니다. IMF 시절에는 생활보호대상자가 되었고, 고등학생 때는 장학금을 받지 못하면 학교에 다닐 수 없는 형편이었습니다.

그녀는 자신과 비슷한 환경의 학생들에게 희망을 주는 사람이 되겠다고 다짐했습니다. 고등학교 3학년 때는 하루 3~4시간만 자며 졸음을 쫓기 위해 생커피를 씹고 위에 구멍이 뚫릴 정도로 공부했습니다. "부자가 되려면 한 분야의 최고가 되어야 한다"는 목표로 서울대학교에 진학해 최고의 강사가 되었습니다. 스스로를 '최고'라고 믿은 것입니다.

내가 나를 믿지 않으면 아무도 나를 믿어주지 않습니다. 나를 작게 만드는 건 남이 아니라 바로 나 자신입니다. 내가 내 가능성을 인정하지 않으면, 세상도 내 가능성을 알아차리지 못합니다. 내가 나를 크게 바라볼 때, 세상도 내게 더 넓은 길을 열어줍니다.

하고 싶은 일이 있는데 집안 사정이 어렵다, 몸이 약하다, 영어를 잘 못한다 등등으로 스스로 못 하는 이유를 만들고 있지는 않은지 생각해 볼 일입니다. 애씀은 다른 이를 위한 것이 아닙니다. 내 안의 잠재력을 발굴해 사용했을 때 가장 이로운 이는 '나'입니다. 나의 지식과 경험과 심혈은 고스란히 내 몸 안에 쌓여 진짜 나의 자산이 되기 때문입니다.

A4 한 장을 반으로 접어 왼쪽에는 단점, 오른쪽에는 장점을 적어보세요. 단점은 나를 작게 보게 만들지만, 장점은 나를 크게 만듭니다. 내가 가진 장점, 내가 이룬 작은 성취, 내가 견뎌낸 시간을 적다 보면, 나는 생각보다 훨씬 단단한 사람임을 알게 됩니다.

내가 가진 것보다 남이 가진 것이 더 커 보일 때가 있습니다. 넉넉한 환경에서 부모님과 가족의 지원을 받으며 살아가는 사람도 있습니다. 그런 사람들을 부러워하는 동안 시간은 흐릅니다. 달라지는 것은 아무것도 없습니다. 원하는 것이 있다면 악어처럼 붙잡고 늘어져야 합니다. 그렇게 덤비다 보면 길이 생깁니다. '나'라는 존재는 생각보다 강해서, 이것도 하고 저것도 하고 다 할 수 있습니다.

안타깝게도 환경을 선택해 태어날 수 없습니다. 좋은 환경에서 태어난 것은 뽑기를 잘한 것처럼 운이 좋은 것입니다. 그러나 운 좋음 역시 실력을 갖추고 전력을 다해야 지속됩니다. 어떤 사람들은 선택지가 많지 않은 상황에서도 큰일을 이루고, 어떤 사람들은 손에 쥔 것이 많아도 빈털터리가 됩니다.

사는 것이 힘들어 놓아버리고 싶은 순간은 누구에게나 옵니다. 그럴 때는 《죽음의 수용소에서》라는 책이 힘이 됩니다. 아우슈비츠 수용소에서 살아 돌아온 오스트리아의 정신과 의사 빅터 프랭클이 쓴 책으로, 책의 반은 수용소에서 있었던 일을 묘사합니다.

혹독한 추위 속에서 셔츠와 바지, 슬리퍼만 신고 하루 10시간이 넘는 육체노동을 하면서도 감기에 걸리는 사람은 하나도 없었다고 말합니다. 6개월 동안 같은 옷을 입고 목욕도 할 수 없었지만 상처에 감염되는 일도 거의 없었다고 합니다.

극한 상황에 다다르면 생명체 속에 숨어 있던 유전자들이 발현됩니다. 생명을 유지하기 위해서 마지막 순간까지 할 수 있는 진력을 다하는 게 생명의 원리이기 때문입니다. 건강 관리법 중 하나인 간헐적 단식 역시 이 원리를 이용합니다. 공복 상태가 지속될 때, 즉 굶을 때, 잠자고 있던 장수 유전자에 불이 켜지는 것을 이용하는 방법입니다.

빅터 프랭클 박사는 지옥과 같은 수용소에서도 삶의 의미를 선택한 사람들은 살아남았다고 말합니다. 한 과학자는 밖에 나가 반드시 완성해야 할 중요한 책이 있어서, 또 다른 수감자는 밖에 자신을 기다리는 어린 자녀가 있어서 희망을 잃지 않았습니다.

어떤 삶을 살지는 지금의 내가 선택하는 것입니다. 자신을 스스로 작게 보지 마세요. 사람마다 환경이 다르고, 출발선이 다릅니다. 누군가는 넉넉한 지원을 받으며 출발하고, 누군가는 맨손으로 시작합니다. 하지만 중요한 건 어디서 시작했는지가 아니라 어디까지 갈 수 있는지입니다. 내 안의 힘을 믿고 오늘도 한 걸음 내디뎌 보세요. 그 한 걸음이 쌓여 내일은 더 단단한 내가 되어 있을 것입니다.

일찍 시작할수록
좋은 것들

○

　　　　　　　　　센스가 좋아서 "그거 어디서 샀어?"라고 묻게 되는 사람이 있습니다. 제게도 그런 지인이 있습니다. 어느 날 그녀가 검은 머리를 로우번으로 묶고 브라운 계열의 원피스를 입고 왔습니다. 목을 따라 살짝 올라오는 차이나 칼라에 몸의 실루엣을 따라 흐르는 저지 원단의 랩 드레스로, 무릎을 살짝 덮는 길이였습니다. 꽃을 형상화한 무늬도 예뻤습니다.

　개성 있는 디자인이면서 활동도 편해 보여 눈길이 갔습니다. 어디에서 구입했는지 물으니 일본 빈티지 시장에서 구입했다고 합니다. 친구는 독특한 새 옷은 너무 비싸서 빈티지 시장을 자주 찾는다고 말했습니다. 이 친구의 이야기를 꺼내는 이유는 한정적인 자원을 야무지게 사용하며 취향을 가꾸는 것에 적극적인 모습이 인상적이었기 때문입니다.

직장인이 되면 학생 때와는 달리 규칙적인 수입이 생깁니다. 학생 때의 수입보다는 넉넉해서 경제적으로 여유로움을 느낍니다. 그동안 하고 싶었던 일들에 지출합니다. 명품 가방도 사고, 여행을 다녀오고, 오마카세 하는 식당을 몇 번 갑니다. 차도 살까? 견적서를 받아봅니다.

때때로 소비는 자기 계발의 동력이 되기도 합니다. 그러나 커리어의 시작 단계에서는 소비에 고민하며 시간과 예산을 쓰는 것보다 경험과 자산이 늘어나는 쪽으로 움직이는 것이 좋습니다. 줄을 설 때 처음에 조금만 비뚤어져도 가면 갈수록 원래의 길에서 멀어지는 것처럼 커리어도 같습니다. 처음에 잘못된 의사결정을 하면 나중에는 되돌리기 어렵습니다. 취업준비생으로 지내다 직장을 얻으면 끝인 것 같지만 새로운 시작입니다.

일찍 시작할수록 좋은 것이 있습니다. 첫 번째는 급여를 항목별로 나눠 관리하는 것입니다. 월세, 통신비, 교통비, 식비, 의류비, 미용비, 교육훈련비, 여비비 등으로 나눠 각각 통장을 만듭니다. 급여를 항목별로 입금해 두면 관리가 편합니다. 처음에는 월급이 적어서 이렇게 나누는 것이 무슨 의미가 있나 싶습니다. 수입은 금세 더 많아집니다. 미리 예산을 관리하는 기술을 익혀두어야 눈덩이처럼 불어난 소득을 잘 관리할 수 있습니다.

'돈'의 어원은 '돌다'입니다. 돈은 한곳에 머물지 않고 사람들 사이를 돌고 돌아야 한다는 순환의 의미를 품고 있습니다. 돈은 계속 돌아다녀야 합니다. 수입의 일부분을 떼어 적금에 넣는 경우도 많은데, 적금 금리는 물가인상률보다 낮기 때문에 좋은 방법이 아닙니다. 예를 들어 적금의 이자가 4%이고 물가인상률이 5%라면 오히려 나의 작고 소중한 자산이 줄어드는 셈입니다. 같은 금액이라도 인플레이션에 대응하며 자산을 늘릴 수 있는 금융 상품으로 적립해야 합니다.

두 번째는 독서입니다. 난독증을 호소하는 사람들이 많습니다. 그 이유는 시신경에서 수용한 정보를 뇌신경에 전달해 의미를 해석하는 회로가 느슨해져 있기 때문입니다. 책을 읽을 때 눈이 움직이며 글을 읽습니다. 눈은 빛으로 인식하기 때문에 속도가 매우 빠릅니다. 그 정보를 뇌에서 해석하는 데 시간이 걸리는데, 이 신경도 운동처럼 훈련이 필요합니다.

독서를 습관으로 만드는 방법은 매우 간단합니다. 자기 전에 스마트폰 대신 책을 보면 됩니다. 책을 보면 졸리기 때문에 불면증도 사라집니다. 매일 30분 정도 책을 읽으면 한 달에 적어도 한 권 이상 읽을 수 있습니다. 도서관에서 대출해 읽으면 반납일이라는 마감이 있기 때문에 조금 더 읽게 됩니다.

책을 읽을 시간이 없다면 오디오북을 활용하는 것도 좋은 방법입니다. 세계적인 소설가 스티븐 킹도 오디오북을 활용해 1년에 수십 권의 책을 읽습니다. 어딜 가나 작은 책을 들고 다니는 습관도 좋습니다. 기다리는 시간을 활용하면 정말 많은 책을 읽을 수 있습니다.

읽은 책은 반드시 나만의 데이터베이스에 정리해 둡니다. 중요한 문장들을 모아두면 보고서를 쓰거나 책을 쓸 때 큰 도움이 됩니다. 읽고 정리하는 것 역시 시간이 많이 필요하기 때문에 평소에 조금씩 쌓아두어야 합니다.

무인양품의 아트 디렉터 하라 켄야는 여러 가지 브랜드의 색연필 중 마음에 드는 색만 골라 자기만의 팔레트를 만듭니다. 그 색연필로 스케치를 하면 하라 켄야 고유의 색감이 나타납니다. 내가 수집한 책 속 문장도 내 고유의 도구가 됩니다.

저는 책을 읽을 때 새로운 정보를 담고 있거나 마음에 들어오는 문장을 좁은 PET 스티커로 표시하며 읽습니다. 그리고 그 문장들을 에버노트에 기록해 왔는데, 최근에는 노션에 정리하기 시작했습니다. 표지, 출판사, 판형, 페이지를 적고 나만의 별점을 매깁니다. 노션은 디자인이 아름답고, 데이터베이스를 서로 연결해 차트로 볼 수 있어 트래킹하기 좋습니다.

수집한 문장은 기록하고 입으로 중얼중얼하며 외웁니다. 처음 보는 단어나 멋진 문장은 내 것으로 품고 싶기 때문입니다. 입 근육에 배게 말로 연습해 두면, 내가 원할 때 그 단어와 문장이 자연스럽게 흘러나옵니다.

눈으로만 익히면 말하는 법을 모릅니다. 독서하고 어휘력을 높여야 하는 이유는 철학자 비트겐슈타인의 말처럼 내 언어의 한계는 내 세계의 한계이기 때문입니다. 외국어로 쓴 책도 이렇게 읽을 수 있으면 더욱 좋습니다.

세 번째는 체력 관리입니다. 우리 몸은 가만히 있으면 최고의 컨디션과 기량을 유지할 것 같지만 안타깝게도 그렇지 않습니다. 사용하지 않으면 점점 퇴화합니다. 뇌에서 이 기능은 필요 없나 보다 하고 그쪽으로 가는 지원을 중단하기 때문입니다. 아무리 시간이 없어도 운동해야 합니다.

우리 몸은 근골격계, 심혈관계, 호흡계, 신경계, 소화계, 내분비계, 면역계, 감각계, 피부계 등으로 나눌 수 있습니다. 이 중에서 끈기로 직접 강화할 수 있는 것은 근골격계와 심혈관계, 호흡계입니다. 근육을 강화하는 운동과 심장과 폐를 강화하는 운동을 해야 합니다.

심박수가 평소보다 50% 이상 증가할 때 운동이라 말합니다. 책가방을 메고 달리는 것도 좋습니다. 심폐와 근육이 함께 단련됩니다. 계속 앉아서 일하거나 공부하는 환경이라면 2시간에 한 번 정도는 일어나 굳은 근육을 펴주는 게 좋습니다.

무엇을 먹는가도 매우 중요합니다. 현대 사회의 많은 음식에는 설탕과 첨가물이 숨어 있습니다. 설탕은 도파민과 세로토닌 등 신경전달물질의 분비를 촉진해 기분을 좋게 합니다. 몸속에 혈당이 높아지면 인슐린이 혈당을 조절하는데, 문제는 인슐린이 뇌 속의 노폐물을 제거하는 대사에 관여한다는 사실입니다. 인슐린은 노폐물 제거와 혈당 조절 두 가지를 동시에 할 수 없기 때문에, 최근엔 설탕이 알츠하이머의 원인으로 의심받고 있습니다.

단 음료는 설탕이 많이 들어 있기 때문에 먹지 않는 것이 좋습니다. 설탕의 위험에 대해 사회적 공감대가 형성되며 아세설팜칼륨, 수크랄로스 등 합성 첨가물로 단맛을 내는 경우가 많아졌으나 안전성이 입증되지 않았습니다.

프랑스의 미식가이자 저술가인 장 앙텔름 브리야-사바랭은 1825년 저서 《미각의 생리학》에서 "당신이 무엇을 먹는지 말해주면, 당신이 어떤 사람인지 말해줄 수 있다"라고 말했습니다.

우리의 몸과 말이 곧 정체성을 드러냅니다.

자연과 예술을
가까이하세요

○

　　　　　　　출장을 갈 때면 조금 더 일찍 시간을 내서 근처의 미술관이나 유적지를 들릅니다. 원주중앙도서관에 강연이 있어 내려가는 길에는 뮤지엄 산을 방문했습니다.

　뮤지엄 산은 고 이인희 한솔그룹 고문이 세계적인 건축가 안도 다다오에게 의뢰해 만든 미술관입니다. 안도 다다오는 일본 건축가로, 습식 시멘트를 이용해 표면이 반들반들하게 윤이 나는 벽면을 만듭니다. 별도의 마감재 없이 시멘트만으로 마감할 수 있어서 친환경적 공법으로 불립니다.

　건물을 따라 잔잔하게 물이 흐르고 있었습니다. 물이 움직이는 속도가 아기 요람이 흔들리는 속도와 비슷해 마음이 평화

로워졌습니다. 종이 박물관에서 만난 민속품들에도 눈길이 흘렀습니다. 종이를 꼬아 만든 바구니에 옻칠해 그릇을 만들었는데, 몇 세기가 지나도 형태와 기능이 유지되고 있었습니다.

이 미술관이 만들어진 이야기를 전시해 둔 곳에서 안도 다다오의 글을 발견했습니다. 살아갈 힘을 잃었을 때 이곳에서 자연과 예술을 만나 다시 살아갈 힘을 찾았으면 좋겠다는 내용이었습니다. 생명의 힘이 약해질 때 필요한 것이 바로 자연과 예술입니다.

우리는 성과를 내야 한다는 강박을 가지고 있습니다. 물론 의지로 할 수 있지만, 사실은 하고 싶은 마음이 들지 않으면 한 발짝도 움직이지 않는 것이 사람입니다. 하고 싶은 마음은 자연과 예술 작품을 감상하면 자연스럽게 피어납니다.

창가에 작은 화분을 하나 키워보면 금세 알 수 있습니다. 봄날, 맑고 투명한 햇빛을 받으며 반짝반짝 빛나는 새잎을 틔우는 식물은 분명히 우리에게 말을 걸고 있습니다. 작은 나도 이렇게 애쓰며 사는데, 너는 어떠냐고.

오늘도 운중천을 따라 달리는데 어딘가에서 이팝나무 향기가 짙게 풍겨왔습니다. 멈춰서서 둘러보니 저 멀리서 이팝나무가 두 손을 들고 반겨주었습니다.

생명체는 모두 살아 있는 것을 좋아합니다. 벚꽃이 휘날리는 벚나무를 찾는 사람들은 자연이 주는 에너지를 알기 때문입니다. 자연과 가까이하면 생태 감수성이 깨어납니다. 살아 있는 것을 알아채고 소중하게 여기는 마음입니다.

자연과 예술 앞에서는 인간이 가지고 있는 감각이 섬세하게 벼려집니다. 감각이 중요한 이유는 우리가 지금에 머물 수 있도록 돕기 때문입니다.

인간은 본능적으로 과거에 일어난 일 중 기뻤던 일과 좋았던 일은 일부러 기억하지 않습니다. 모든 일을 다 기억하기 위해서는 에너지 소모가 크기 때문입니다. 반면에 위험한 일, 두려운 일은 무의식에 저장해 둡니다. 왜냐하면 다음에 또 이런 일이 일어나면 생존에 위협이 되기 때문입니다.

그래서 우리는 많은 시간을 미래를 걱정하며 보냅니다. 생존을 위한 가장 효과적인 방어기제가 현재를 행복하지 않게 만드는 겁니다. 자연과 예술은 우리를 현재로 데려옵니다.

이팝나무 향기를 맡는 순간, 안도 다다오의 작품을 보는 순간은 과거의 상처와 미래의 걱정으로부터 자유로워집니다. 나의 눈과 귀와 코와 피부의 감각으로 들어온 정보를 처리하다 보면 과거와 미래는 뒤로 물러납니다.

감각에 관해 이야기할 때면, 다른 사람들은 보지 못하는 것을 본 피카소가 떠오릅니다. 영국의 미술 평론가 마틴 게이퍼

드와 화가 데이비드 호크니의 대담집 《다시, 그림이다》 속에는 피카소에 대한 일화가 등장합니다.

피카소와 가까운 사진가 뤼시앵 클레그의 이야기입니다. 어느 날 피카소가 그에게 당장 병원에 가보라고 말했습니다. 몸에 아무런 이상을 느끼지 못한 사진가는 긴가민가하며 피카소의 아내 재클린에게 병원에 가야 하는지 물었습니다. 재클린은 피카소가 그렇게 말했다면 당장 병원에 가보라고 말합니다. 뤼시앵 클레그는 그길로 병원에 갔고, 바로 수술실에 들어갔습니다. 그의 병은 증상이 전혀 없는 복막염으로 치사율이 상당히 높았습니다.

감각이 예민해지면 우리는 더 많은 정보를 처리할 수 있습니다. 현대의 과학으로 밝혀낸 정보에 따르면 인간의 무의식은 1초에 1,100만 비트의 정보를 처리하고, 의식은 40~50비트만 처리합니다.

먹고살기가 바빠서, 시간이 부족해서, 돈이 없어서 자연과 예술을 멀리하면, 마음의 힘이 약해지고 번아웃이나 우울증에서 벗어날 수 없습니다.

우리나라도 현대미술관 시설과 전시가 훌륭합니다. 국내 1호 패션스타일리스트 서영희는 패션과 현대 미술을 알면 세련되어진다며, 가장 자주 찾는 공간으로 국립현대미술관을 꼽았습니다. 특히 현대미술에서는 '와, 저런 것도 예술이라고 내놓는구나!' 하는 생각과 함께 자신감과 배짱을 배울 수 있어 좋다고 말했습니다.

동반 1인과 무료입장할 수 있는 국립현대미술관 멤버십 연회비는 10만 원입니다. 서울, 덕수궁, 과천, 청주의 4곳을 이용할 수 있습니다. 친구들을 만날 때마다, 바람 쐬는 것이 필요할 때마다 현대미술관을 이용해도 좋습니다. 그마저도 매월 마지막 주 수요일은 무료입니다.

매월 마지막 주 수요일은 '문화가 있는 날'로 도서관에서도 평소 대출 권수의 2배까지 책을 빌릴 수 있습니다. 한 달에 한 번 도서관에서 책을 10권 정도 빌려 일주일에 두 권 이상 읽는다면 충분할 것입니다.

책을 읽어도 기억에 남지 않아서 시간이 아깝다고 하는 사람도 있습니다. 다양한 주제의 책을 한 권씩 읽으면 그럴 수 있습니다. 같은 주제의 책을 5권 이상씩 몰아서 한꺼번에 읽으면 지식의 구조가 생겨 기억에 더 오래 남습니다.

예를 들어, 글쓰기에 관심이 생겼다면 도서관 검색창에 '글쓰기'를 넣고 검색합니다. 결과 목록에서 다섯 권 이상을 고릅니다. 글쓰기 책을 다섯 권 읽다 보면, 비슷한 이야기들은 읽는 속도가 훨씬 빨라집니다. 다섯 권 중에서 이해가 가장 잘되는 글쓰기 책이 있을 것입니다. 그 책을 가장 꼼꼼하게 읽고, 책 속에 등장하는 참고도서도 찾아 읽습니다. 이런 식으로 독서를 해나가면 기억에 오래 남을 것입니다.

법정 스님께서 문학의 힘을 생활화하는 방법을 알려주셔서 그 이야기를 소개하려고 합니다. 법정 스님께서는 생전에 단 한 번의 주례사를 하셨는데, 그때 문학을 언급하셨습니다.

신혼부부에게 달마다 각자 시집을 한 권 고르고, 함께 산문집 한 권을 고르라고 하셨습니다. 시집은 남편과 아내가 서로 바꿔 읽고, 수필집은 함께 읽으라고 당부하셨습니다.

그렇게 30년쯤 지나면 시집이 720권, 수필집이 360권으로 약 1,000권의 책이 되는데, 그 책을 후세에게 유산으로 물려주라고 하셨습니다. 평소에 시집과 산문집을 습관처럼 읽는 가정이라면, 의견이 다를 때에도 시적 언어로 다툴 것 같아 무릎을 쳤습니다.

아름다움을, 생명력을 가까이하는 작은 습관이 우리를 빚습니다.

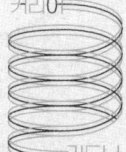

2장

커리어

묘목 돌보기

그렇게 내 브랜드를
시작하게 되었습니다

                    인생의 길은 우연히 일어나는 어떤 일로 달라지기도 합니다.

  스마트폰이 출시되기 전 휴대폰은 형태가 다양했습니다. 모토로라의 스타텍은 반을 접어 손바닥에 착 달라붙는 사용감이 일품이었고, 상단을 위로 밀어 올려야 키패드가 드러나는 슬라이드폰도 있었습니다. 휴대폰을 구입할 땐 모토로라, 삼성, LG, NEC, 소니, 노키아 같은 다양한 브랜드의 디자인을 보고 고르는 재미가 있었습니다.

  남편은 휴대폰 디자이너로 취업했습니다. 여러 나라의 휴대폰을 하청받아 OEM으로 생산했습니다. 막내 디자이너는 부품 제조업체와 조립 공장을 찾아 대만, 홍콩, 선전, 싱가포르 등 여러 도시로 출장을 다녔습니다. 그때 남편의 프로젝트 중 하나는 디즈니랜드에서만 판매되는 귀여운 미키마우스 휴대폰을 만드는 것이었습니다. 다이아몬드가 군데군데 박힌 디올 폰도 만들었습니다.

남편이 출장을 가면 저도 따라가 도시의 시장과 백화점을 돌며 예쁜 살림살이를 하나씩 구입했습니다. 주방 가위나 저울, 긴 손잡이가 달린 스테인리스 티포트, 양념 스푼, 오븐 장갑 같은 소소한 생활용품이었습니다. 그냥 두면 어디서 샀는지, 어떤 추억이 깃들어 있는지 잊어버리니까, 사물에 얽힌 서사를 기억하고 싶어서 싸이월드 미니홈피에 기록했습니다.

그걸 보고 친구들이 자기 것도 구해줄 수 있는지 물어왔고, 구입할 수 있게 옥션에 올려달라고 부탁했습니다. 그래서 가위 한 개, 티포트 두 개 이런 식으로 상품을 등록했고, 온라인을 통해 친구들의 주문이 들어오기 시작했습니다. 어떤 날은 전혀 모르는 사람이 구입하기도 했습니다. 수많은 상품 속에서 어떻게 알고 주문했는지 놀라웠습니다.

일면식도 없는 사람이 뭘 믿고 사나 신기하고 고마워서 오래오래 기분 좋게 쓰시라는 손 편지와 함께 직접 구운 생강 쿠키를 한두 개 넣었습니다. 좀 더 시간이 여유로울 땐, 예쁜 포장지로 포장해 보냈습니다. 택배로 받은 상품이 백화점 선물

코너를 들렀다 온 느낌이면 기분이 더 좋을 것 같았습니다.

시간이 조금 지나자, 친구들이 옥션에 수수료 주기 아깝다며 쇼핑몰을 만들라고 조언해 주었습니다. 쇼핑몰을 만들기 위해선 이름이 필요합니다. '생활에 필요한 모든 것을 만든다'라는 의미로 '생활공장'이라고 하고 싶었습니다. 무인양품처럼 네 글자인 점도 마음에 들었습니다.

앤디 워홀의 '팩토리'가 떠올랐습니다. 그의 로프트도 일종의 생산 공장으로 볼 수 있습니다. 예술품이 대량 생산 기법으로 태어나는 창작의 공장이었습니다. '생활공장'은 'Living factory'입니다. 검색해 보니 이미 해외에 그 이름을 쓰는 사이트가 있었습니다. 그래서 '바로 그'라는 관사 'The'를 붙여 'Thelivingfactory'가 이름이 되었습니다.

사업자등록증에도 '더리빙팩토리'라고 써넣었습니다. 동글동글 귀여운 영문 폰트로 로고를 만들고, HTML을 뒤져가며 며칠 밤을 새워 사이트를 만들었습니다. 사이트는 만들었는데 팔 제품이 없었습니다. 아이템을 정하는 게 어려웠습니다. 처음에는 보따리상과 다를 바 없었습니다. 그것도 재미있었지만 물량을 충분히 공급하긴 어려웠습니다. 매번 해외에 나가 상품을 사 올 수도 없고요.

시간이 날 때마다 남대문, 동대문, 황학동, 도깨비시장 등

도매시장 투어에 나섰습니다. 그날은 아무 상품을 발견하지 못하고 지하철역으로 가던 길이었습니다. 비닐과 고무줄, 테이프를 판매하는 청계천 점포를 지나는데, 흰색 배경에 빨간 딸기가 그려진 종이테이프가 눈에 들어왔습니다. 렌즈를 빠르게 돌려 줌인한 것처럼 테이프가 눈앞에 크게 보였습니다. 총 수량은 10개였습니다.

"사장님, 이 테이프 몇 개 있어요?"라고 물었습니다. 사장님은 이쪽을 쳐다보지도 않고 먼지떨이로 비닐봉지의 먼지를 툭툭 털며 "거기 있는 게 전부예요"라고 말했습니다. 점포에 있는 테이프를 모두 사 왔습니다. 사이트에 사진을 찍어 올리자마자 10개의 테이프가 모두 동났습니다. 사장님께 더 많은 수량을 확보해 달라 부탁했습니다.

다음 날 가보니 딸기 테이프 옆에 구름 테이프가 있었습니다. 파란 바탕에 흰색 구름이 오밀조밀 있는 너무나 귀여운 테이프였습니다. 그것도 데려왔습니다. 밤새 주문이 쌓여 재고가 모두 사라졌습니다. 한 박스, 두 박스, 세 박스, 열 박스. 그리고 텐바이텐에서 입점 문의가 왔습니다. 입점하면서 테이프는 불티나게 팔려나갔습니다.

관리자 페이지에 로그인한 다음 새로고침 버튼을 누를 때마다 주문량 빨간 그래프의 키가 쑥 자랐습니다. 100만 원,

200만 원, 1,000만 원, 1,200만 원. 초보자의 행운이 따랐습니다. 텐바이텐 입점 후 1300K, 바보사랑 등 수많은 사이트에서 입점 문의가 쏟아졌습니다.

종이테이프가 매력적이었던 것은 가지고 있는 소품을 리폼하기에 좋았기 때문입니다. 구름무늬, 딸기 무늬가 귀여워 가위로 툭툭 잘라 사용하면 스티커처럼 활용도 가능했습니다. 당시 초등학생이던 막냇동생은 친구들이 "종이테이프는 더리빙팩토리가 예쁘다"라고 했다는 소식을 전해주었습니다.

지금도 그렇지만 예전에도 초등학생 사이에서 입소문이 나면 유행 아이템이 됩니다. 상품이 부족해 공급하지 못할 정도로 인기가 있는 상황이었는데, 한편으로는 재고가 없어 구매자와의 약속을 못 지킬까 봐 마음이 조마조마했습니다. 종이테이프를 직접 생산하기로 결정했습니다. 테이프를 한 번 생산할 때 종이 1연을 다 써야 했고 1만 5천 개 정도 만들어졌습니다. 종이테이프는 그해 각 사이트 베스트셀러 랭킹에 올랐습니다.

나만이 공급할 수 있는 독점적인 상품은 가격결정권을 가질 수 있습니다. 반면에 다른 사람도 공급할 수 있는 상품은 출혈 경쟁이 생기며 이윤을 확보하기 어렵습니다. 종이테이프가 고객의 열광적인 반응을 얻었던 것은 유일무이한 상품이었기 때문입니다. 상품도 생애주기가 있기 때문에 변화하는 상황에 맞춰 해결하는 문제해결 능력이 중요합니다.

내 비즈니스를 시작할 때는

1 ___ 가장 먼저 브랜드의 이름을 정해야 합니다. 상표 등록이 가능하며, 도메인, 이메일 주소, 블로그 같은 디지털 자산을 잘 세팅해야 합니다.

2 ___ 키프리스에서 상표 검색 후 상표를 출원합니다.

3 ___ 사업자등록을 합니다. 첫 해엔 간이과세자로 등록하면 세제 혜택이 있어 좋습니다. 매출액이 1억 4백만 원에 미달하면 간이과세자에 해당하는데, 간이과세자는 부가세 신고를 연 1회만 하면 되고, 매출액이 4,800만 원에 미달하면 납부 의무를 면제받습니다. 사업 초기엔 세무 신고에 쓰는 시간도 아까우니 간이과세로 시작해 보세요.

4 ___ 사이트 도메인을 등록합니다. 가비아, 후이즈, 싸이팩 등에서 등록할 수 있습니다.

5 ___ 아임웹, 크리에이터링크 등에서 사이트를 만들고, 고객의 이메일 주소를 먼저 수집합니다. 디지털 자산 중 가장 중요한 것은 나의 브랜드에 관심이 있는 고객에게 직접 닿는 이메일 리스트예요. 지금 바로 뉴스레터를 운영할 계획이 없더라도 미리 확보해 두는 편이 좋습니다.

뭘 팔지?
아이템 발굴

○

상품의 회전율이 빨라지자 새롭고 독창적인 상품을 찾고 준비하는 시간 역시 빨라져서 빙글빙글 돌아가는 찻잔 모양의 놀이기구를 탄 것처럼 어질어질했습니다. 종이테이프가 너무 잘 팔렸습니다. 사이트 방문자도 크게 늘었습니다.

트래픽이 급증했을 때 상품과 서비스가 준비되어 있다면 고객과 바로 연결될 수 있습니다. 고객과 브랜드의 마음이 만나면 둘 다 행복할 수 있습니다. 그런데 상품과 서비스가 준비되어 있지 않다면 소중한 트래픽은 그냥 흘러 지나갑니다. 관심과 애정을 가지고 브랜드를 찾은 고객들의 소중한 시간과 에너지를 낭비한 셈입니다. 부지런히 상품과 서비스를 가다듬어야 합니다.

우리가 보유한 상품과 서비스를 알리는 방법은 여러 가지가 있습니다. 그중 하나는 플랫폼에 입점하는 형태입니다. 이 경우 플랫폼의 고객과 홍보, 마케팅 방법을 이용할 수 있고, 우리는 수수료를 부담합니다. 수수료는 온라인의 경우 소비자 가격의 15~35% 정도이고, 오프라인의 경우 소비자 가격의 40%가 넘는 경우도 있습니다.

수수료는 상품 가격에 반영됩니다. 최종 소비자 가격이 경쟁력을 가질 수 있으려면 상품의 품질이 압도적으로 좋거나, 브랜드의 힘이 강해야 합니다. 브랜드가 고객과 직접 만나 팬덤을 형성할 수 있다면 판매 수수료만큼의 가격 경쟁력을 가질 수 있어 유리합니다.

도매 거래처에서 공급받는 상품은 플랫폼 입점 수수료와 마진을 확보하기 어렵습니다. 안정적인 이윤을 확보하기 위해서는 다른 방법을 찾아야 했습니다.

고민하던 그즈음, 신문을 보다가 중국에 큰 도매시장이 있다는 기사를 만났습니다. '이우義烏'라는 곳이었는데, 상하이에서 가깝다는 사실을 알아냈습니다. 일단 거기까지 가면 어떻게든 되겠지, 생각하고 인맥을 수소문했습니다.

상하이에서 유학 중인 동생 친구의 동생을 찾아냈습니다.

이메일로 이만저만한 사정을 설명하고 이우 시장에 함께 가줄 수 있는지 물었습니다. 유학생은 시원시원한 성격의 여학생이었습니다. 흔쾌히 환영하는 메일이 도착했습니다. 이우는 상하이에서 버스로 4시간 정도 가면 된다고 했습니다. 마침 버스터미널도 집 근처에 있어서 걸어갈 수 있다는 답변이었습니다.

바로 상하이행 비행기 티켓을 끊었습니다. 카메라 두 개, 노트북 한 개, 텅텅 빈 이민 가방 한 개를 트렁크에 넣고 떠났습니다. 아직 해가 뜨지 않은 새벽, 숙소에서 버스터미널까지 걷던 길은 앞에 걸어가는 사람이 보이지 않을 만큼 가시거리가 짧았습니다. 공기가 매워 호흡이 어려웠습니다.

버스터미널 바닥엔 사람들이 나란히 기대앉아 있었습니다. 며칠 동안 씻지 않은 것 같았고, 입은 옷을 빨면 까만 땟국물이 나올 것 같은 모습이었습니다. 그중 한 아이와 눈이 마주쳤는데, 눈빛이 살쾡이 같아서 얼른 눈을 피했습니다. 사람들은 버스 안에서 담배를 피워 물었습니다.

이우에서는 한국인 무역상이 운영하는 민박집에 머물렀습니다. 아침마다 갓 지은 밥과 된장국, 튀기듯 구운 생선으로 따뜻한 백반을 차려주었습니다.

기사에서 본 것처럼 이우는 도매시장이었습니다. 규모가 상상했던 것보다 훨씬 더 컸습니다. 도시 전체가 도매시장이었습니다. 상품이 모래알처럼 많아 바닷가에서 바늘 찾기를 하는 기분이었습니다. 이틀 동안 다리가 떨어져 나가도록 걸어 다녀도 어디에 무엇이 있는지 알 수 없었습니다.

어떤 분위기인지 알았으니 다음에 다시 와야겠다 생각하고, 상하이 본진으로 철수했습니다. 일행과 함께 상하이 야시장 노점에서 취두부를 넣은 완탕과 꼬치를 먹고 맥주도 한 잔 마신 다음 축구공만 한 요즈를 사서 숙소로 돌아왔습니다. 중국 자몽인 요즈는 포멜로와 비슷하지만 쓴맛이 거의 없고 단맛이 강했습니다. 너무 맛있어서 배가 볼록해지도록 매일 먹었던 기억이 있습니다.

이우에 다녀온 다음엔 무역상을 통해 상품을 받았습니다. 오랜 거래로 이어지지는 못했습니다. 주문한 제품과 다른 제품이 오는 일이 많았기 때문입니다. 바디타월을 20장 주문하면 5장은 양품, 10장은 불량품, 5장은 다른 제품이 왔습니다. 상품이 도착할 때마다 검수하고 보완하는 데 에너지가 너무 많이 들어갔습니다.

해외 박람회와 전시회를 통해서도 새로운 상품을 발굴할 수 있습니다. 처음으로 방문했던 박람회는 홍콩 기프트 페어였습니다. 주전자 주둥이처럼 뾰족한 부분을 우유 팩에 꽂으면 우유 팩을 뜯지 않아도 우유를 따를 수 있는 우유 팩 스트로를 발견했습니다. 우유 팩이 한 번에 뜯어지지 않아 여러 번 손을 대야 하고 손에 우유가 묻는 번거로움을 줄일 수 있는 재미난 상품이었습니다.

부스에서 상품 샘플을 구입할 수 있는지 물었습니다. 대표로 보이는 중년의 남성은 준비된 샘플이 없다고 말했습니다. 구하려면 어떻게 해야 하냐고 물으니, 대표는 페어 기간 동안 바이어와 상담할 때 사용해야 하므로 전시가 끝나는 날 다시 오라고 합니다. 큰 바이어들에게는 그냥 증정하는 눈치였습니다. 전시가 끝나는 날 다시 찾아갔습니다.

그는 지금 제품이 하나도 없다며 난감한 표정을 짓습니다. 약속을 지켜야 비즈니스를 하지 않겠냐고 묻는 제 말에 가만히 서 있던 그는 싸고 있던 박스를 풀어 한 개 남은 샘플을 챙겨주었습니다.

덕분에 그 제품을 가져와 국내에 소개할 수 있었습니다. 베스트셀러에 오르며 화려하게 데뷔했으나, 그 제품의 수명은 오래가지 못했습니다. 옆구리에 동그란 뚜껑이 붙은 우유 팩이 출시되었기 때문입니다.

박람회에서 발견한 업체 중 종이의 가장자리를 잘라 둥글게 만드는 제품을 개발하는 회사가 있었습니다. 참고서의 모서리는 시간이 지나면 접히곤 하는데, 이 제품을 모서리에 대고 펀치처럼 누르면 종이의 끝부분이 동그랗게 라운드가 생기며 접히지 않아 책을 말끔하게 유지할 수 있습니다.

스테인리스 날의 절삭력이 매우 좋았고, 업체는 미국, 일본, 유럽, 중국에 특허도 갖고 있었습니다. 이 제품에 '코너라운더'라는 이름을 붙이고 한국 시장에 론칭했습니다. 좋은 상품을 알아보는 눈 빠른 MD들의 추천을 받아 이 제품은 출시하자마자 베스트셀러가 되었습니다. 온라인, 오프라인 할 것 없이 많은 인기를 얻었고, 업체는 한국에서는 우리에게 독점으로 공급하겠다는 말을 지켰습니다.

일상에서 오래 사용되는 사물은 사용자와 소통하며 생명력이 생깁니다. 독창성을 품고, 질리지 않고, 튼튼하게, 기분 좋게 사용할 수 있는 사물에 시간이 더해지면, 우리는 그 상품과 브랜드를 클래식이라고 부릅니다.

박람회에 참여할 때는

1____ 해외 박람회 정보를 볼 수 있는 홈페이지로는 지오엑스포(https://www.goexpo.co.kr)가 있습니다. 20년 넘는 경험을 가진 박람회 전문 사이트입니다. 전문 분야의 박람회로 시장 조사를 하다가, 회사가 탄탄해지면 참가해 보는 것도 좋습니다.

2____ 전시에 나갈 때는 10년 이상 나갈 각오로 시작하세요. 그리고 어떻게든 다른 부스의 참가자들과 친구가 되어보세요. 일도, 삶도 확장됩니다.

'하지 마' 대신
'이렇게 해봐'

○

　　　　　　20대에 이직하면서, 이전 직장 퇴직과 다음 직장 출근 사이에 겨우 2주라는 시간을 확보했습니다. 언제 다시 이런 시간이 주어질지 알 수 없었습니다. 적금통장을 깨서 영국, 프랑스, 이탈리아, 스위스, 독일을 돌아보는 9박 10일짜리 유럽 패키지여행을 예약했습니다. 다섯 나라 모두 직접 가보는 것은 처음이었습니다.

　런던 히스로 공항에 내린 순간, 낯선 공기의 냄새마저 새롭게 느껴졌습니다. 창밖으로 넘실대는 초록 들판, 빗방울을 머금은 회색 보도, 그리고 그 위로 검은색 택시가 달렸습니다. 시내로 들어가며 창밖을 보니, 런던 곳곳에 'UNDERGROUND'라고 쓰인 빨간 동그라미 표지판이 보였습니다. 어린 시절 수

집하던 스티커처럼 귀여웠습니다.

  짧은 일정에 여러 도시를 빠르게 지나가야 했기 때문에 눈에 보이는 모든 것에 집중했습니다. 국회의사당과 웨스트민스터 사원, 템스강을 가로지르는 런던아이까지, 명소들이 실제 눈앞에 펼쳐지는 순간 기시감을 느꼈습니다.

  패키지 일정상 다음 행선지는 파리였습니다. 늘 그림으로만 보던 에펠탑이 내 카메라에 담기고, 센강 위를 지나는 유람선을 보며 길거리 카페에 앉아 바게트를 뜯는 사람들 곁을 스쳤습니다. 거리를 걷다 보면 빵집에서 쏟아져 나오는 고소한 버터 냄새가 식욕을 자극했습니다. 지금도 프랑스에는 세계적으로 이름난 빵집과 파티시에가 수두룩합니다. 그러나 이탈리아에서 만난 크루아상과 에스프레소를 지금도 잊지 못합니다.

  이탈리아의 작은 호텔에서 아침 식사를 했습니다. 흰 접시 위에 갓 구운 크루아상을 올리고, 테이블 위에 에스프레소 잔 하나를 내려놓았습니다. 바삭한 껍질을 조심스럽게 찢으면, 버터 향이 가득한 속살이 부드럽게 드러났습니다. 크루아상을 한입 베어 물고 에스프레소를 마시면, 두툼한 크레마의 쌉싸름함과 크루아상의 고소함의 대비가 극적이었습니다. 그 순간만큼은 더 바랄 것이 없었습니다.

  사실 크루아상은 어디에서나 먹을 수 있습니다. 하지만 이탈리아에서 먹은 그 조합이 특별했던 이유는, 여행이라는 비일상성과 함께 현지의 공기와 리듬, 그리고 사람들이 만들어내는 분위기 때문일 것입니다. 그 이후 더 좋은 크루아상과 커피를 분명히 먹어봤겠지만, 최고의 크루아상은 언제나 첫 유럽 여행, 그때의 그것입니다.

여정 중에는 미술관과 박물관을 눈도장 찍듯 돌아다녔습니다. 영국과 프랑스, 이탈리아, 독일에는 고대 유물부터 현대 미술까지, 전 세계에서 공수해 온 유서 깊은 문화재들이 넘쳐났습니다. 매일 같이 이렇게 아름답고 귀한 것들을 접하는 사람들이 부러웠습니다. 가까이 접하는 과정에서 자연스럽게 '보는 눈', 안목이 길러지기 때문입니다. 문화적 환경은 한 개인의 취향에까지 영향을 미칩니다.

프랑스 사회학자 피에르 부르디외는 "취향은 계급이다"라고 했습니다. 우리는 흔히 취향을 개인의 고유한 선택으로 여기지만, 사실 그것은 자라온 환경, 가족, 교육, 사회적 지위와 밀접하게 연결되어 있습니다.

심미안을 높이려면 단순히 많이 보는 것만으로는 충분하지 않습니다. 역사와 맥락을 공부하고, 시대마다 인류가 어떠한 시행착오와 성취를 거치며 지금에 이르렀는지도 알아야 합니다. 역사는 반복된다고 합니다. 아름다움도 추함도 되풀이되고, 그 안에서 우리는 선택을 합니다. 같은 실수를 반복하지 않기 위해 역사를 배우고 안목을 키우는 것입니다.

생명을 소중하게 여기는 감수성은 살아 있는 식물이나 동물을 직접 돌보는 경험을 통해 배울 수 있습니다. 삼성그룹의 고 이건희 회장은 아이들에게 선행 학습을 시키는 대신 강아지를 한 마리 키워보라고 조언했습니다. 그의 말에는 생명을 돌보며 배우는 공감 능력, 배려, 책임감이 조직과 사회의 기본이라는 뜻이 담겨 있습니다.

세상을 바라보는 시선은 아주 사소한 일에서 드러납니다. 두 돌 된 아이와 함께 프랑스 파리의 라이프스타일 박람회 '메종 오브제'를 방문한 일이 생각납니다. 24개월 된 아이는 움직임이 많은 시기라 가만히 있지 못합니다. 전시장 내부를 이리저리 뛰어다니려는 아이를 아기띠로 겨우 안고 다녔습니다.

벤치에 앉아 쉬는데, 아이가 답답했는지 엉엉 울기 시작했습니다. 전시장 안은 조용해서 혹시나 주변 사람들이 불편해하지 않을까 조마조마했습니다. 아이가 운다고 누구 하나 얼굴을 찌푸리거나 나무라는 이가 없었습니다.

잠시 눈을 돌린 사이, 아이가 모빌 부스 쪽으로 달려갔습니다. 아이가 손을 뻗어 모빌을 잡으려 하자, 저도 모르게 화난 표정으로 "하지 마, 남의 거야. 만지면 안 돼"라고 했습니다. 그 모습을 본 부스 안의 할아버지와 할머니가 다가오더니, 제게 단호하게 "하지 말라고 말하지 마세요. 대신 이렇게 해보라고 말해주세요"라고 말했습니다.

그분은 미소를 지으며 아이에게 "입으로 후 불어서 모빌을 움직여 볼래?"라며 시범을 보였습니다. 아이는 손으로 잡는 대신 바람을 이용해 모빌이 움직이는 모습을 신기하게 바라봤습니다. 아이도 입김을 불어 모빌을 움직이기 시작했습니다. 두 분은 흐뭇하게 그 모습을 지켜보았습니다.

이 두 분은 '플렌스테드 모빌Flensted Mobiles' 창업주의 2세인 올레 플렌스테드와 그의 아내 아세 플렌스테드였습니다. 이 브랜드는 전 세계의 미술관과 디자인 편집숍에서 사랑받는 모빌 브랜드입니다.

창업주 크리스티안 플렌스테드는 1954년, 딸의 첫 번째 생일 선물로 종이와 빨대를 이용해 작은 학 모빌을 만들었습니다. 작고 아름다운 오브제가 바람을 타고 움직이며 눈길을 끌었고, 입소문을 타며 정식 브랜드로 자리 잡게 되었습니다.

플렌스테드 모빌은 지금도 덴마크 마을 사람들의 손끝에서 하나씩 정성껏 완성됩니다. 덴마크 퓐섬의 작은 마을 브로브는 플렌스테드 가족이 수십 년간 이어온 이 모빌 브랜드의 본거지입니다. 공동체가 함께 만드는 예술품이라는 점이 더욱 특별합니다. 그래서인지 플렌스테드 모빌에서는 온기가 느껴집니다.

유럽의 박람회에서는 머리가 하얀 창업자들을 종종 만납니다. 수십 년을 한 분야에 몰두해 온 프로들입니다. 고등학생이 된 아들과 함께 다시 찾은 박람회 부스에서는, 허리가 굽을 대로 굽은 어르신이 한편 의자에 앉아 부스를 지키고 있었습니다.

그곳에서 만난 사람들은 누가 시키지 않아도 자신의 일과 취향에 자부심을 가지고 있었습니다. 자신의 제품, 브랜드, 분야를 설명하는 말투에서 뿌듯함이 묻어났습니다.

좋은 브랜드는 좋은 사람이 만듭니다. 아이들이 박람회와 미술관을 자주 찾으며, '하지 마' 대신 '이렇게 해봐'라는 말을 듣고 자란다면 어떨까요?

일단 많이 하면
돼요

○

　　　　　　　　　　인테리어 리모델링 작업을 할 때, 가장 마지막 순서는 실리콘 마감입니다. 실리콘이 단단하게 굳으려면 적어도 만 하루 정도의 시간이 필요합니다. 실리콘을 바른 후 말리는 그 하루 동안은 먼지가 하나도 없어야 합니다.

만약 실리콘이 채 마르기 전에 먼지가 날리면 표면에 달라붙어 박제한 것처럼 그대로 굳어버립니다. 먼지가 붙은 실리콘은 발자국 찍힌 시멘트와 똑같습니다. 그래서 실리콘 마감을 할 때는 먼지 하나 없도록 깨끗하게 청소해야 합니다. 바람결에 먼지가 타고 들어오니 창문도 꼭 닫고 작업을 합니다.

각각의 마감재가 퍼즐을 끼워 맞춘 듯 딱 맞아 실리콘 마감을 하지 않는 것이 가장 이상적입니다. 하지만 벽과 바닥이 정확하게 수직과 수평을 이루지 않기 때문에 유격이 생깁니다. 새로 입주하는 아파트임에도 불구하고 바닥 면의 높이가 3센티미터까지 차이가 나는 걸 본 적이 있습니다. 그 틈새를 메우는 방법으로 실리콘이 쓰입니다.

벌어진 틈은 먼지가 내려앉아 지저분해질 뿐만 아니라 세균이 번식하거나 해충의 이동 통로 및 서식지가 됩니다. 벌어진 틈새로 물이 새어 흐르면 누수 원인이 되기도 합니다.

벌어진 틈새를 실리콘으로 얇게 마감하면 틈이 있는지도 모르게 커버할 수 있습니다. 그래서 실리콘을 마감하는 솜씨에 따라 공사의 품질이 달라지기도 합니다. 초보 작업자가 바른 실리콘을 보면 구멍이 뽕뽕 나 있고 표면에 결이 생겨 있습니다. 그러면 아무리 좋은 자재를 써서 리모델링한다 해도 바느질이 엉성한 옷처럼 되고 맙니다.

그날 현장에서 만난 실리콘 사장님은 처음 만나는 분이었습니다.

"어디 어디 쏘면 돼요?"

"마루는 다 둘러주시고, 욕실 벽면 사이사이, 바닥 타일과 벽 만나는 부분, 주방에는 여기 여기 다 쏴주시면 돼요. 포스트잇 붙여두었어요."

"꽤 많네."

실리콘 사장님이 실리콘 통에 노즐을 돌려 끼우며 말했습니다. 그러고는 주머니에서 라이터를 꺼냈습니다. 실내에서 흡연은 안 된다고 제지하려는 순간, 라이터를 켜 노즐을 가열했습니다. 플라스틱이 열을 받아 말랑말랑해지니, 입으로 호호 불어 열기를 날리면서 손으로는 노즐을 살살 휘었습니다. 노즐의 각도와 폭을 계속 조절한 후 칼로 그 끝을 신중하게 잘랐습니다.

"자, 어디부터 할까요?"

완성된 노즐 끝은 검지를 구부린 갈퀴 모양이었습니다. 실리콘 사장님은 벽과 바닥 사이의 공간을 눈으로 스캔하고, 호흡 한 번에 팔이 움직이는 각도를 계산해 노즐을 휘었습니다. 실리콘 시공에는 호흡 한 번에 획을 한 번 긋는 기술이 필요합니다. 호흡이 두 번으로 연결되면 몸의 미세한 떨림으로 라인이 흔들리기 때문입니다.

솜씨를 걱정하지 않아도 되겠다고 직감했습니다. 자기만의 도구를 가진 사람은 노련한 전문가인 경우가 많습니다. 시중에 나와 있는 도구를 모두 탐색해도 마음에 드는 도구를 찾을 수 없을 땐 직접 만들 수밖에 없습니다.

싱크대 이쪽에서 저쪽 끝까지 한 번에 지나가는 실리콘의

라인에서 예술 작품을 대할 때와 비슷한 경외심이 생겼습니다. 일정한 2밀리미터 폭에, 자로 대고 그은 것 같이 똑발랐습니다. 피터르 몬드리안 작품의 라인 못지않습니다.

"아니, 어떻게 하면 이렇게 잘 쏠 수가 있어요? 좀 가르쳐주세요!"

"그런 게 어디 있어."

"무슨 비법 같은 게 있지 않아요?"

"많이 해봐야지 뭐. 그냥 많이 해보면 돼요. 나는 실리콘이 재미가 있더라고."

실리콘 사장님의 작업 솜씨는 작업 현장을 확인하는 사람마다 연락처를 받아 갈 정도로 아름다웠습니다.

잘하기 위해서는 많이 하는 것 외에 다른 길은 없습니다. 한 분야의 전문가가 되려면 해당 분야의 지식과 숙련된 업무 처리력이 필요합니다. 지식도, 업무 처리력도 몸에 새겨져야 합니다. 시간과 노력이 필요한 이유입니다.

존 레넌과 폴 매카트니도 엄청난 시간을 음악에 쏟았습니다. 밴드가 결성되었던 1957년부터 둘은 여러 클럽을 쉬지 않고 돌며 일주일 내내 새벽 2시까지 일했습니다. 하루 여덟 시간씩 라이브 공연을 하며 믿을 수 없을 정도로 열심히 했습니다. 그렇게 7년이 지나자 1,200여 회의 공연을 했고, 공연 누적 시간은 수천 시간이 되었습니다. 이미 다른 그룹의 공연 시간과 큰 격차가 있었습니다.

인도의 전통 피리 반수리 연주자 하리프라사드 차우라시아는 40대에 이미 전설로 불렸습니다. 그는 인도 정부가 외교관 여권을 발급하고 프랑스 정부로부터 문화훈장까지 받은 대가입니다. 그가 한국에 공연하러 왔을 때 류시화 선생이 방문했는데, 늘 항상 연습하고 있었다고 합니다.

파블로 데 사라사테는 19세기 가장 뛰어난 스페인 출신의 바이올린 연주자이자 작곡가였습니다. 사라사테는 1860년 파리에서 정식 데뷔했으며, 이후 유럽, 북미, 남미 등 전 세계를 무대로 활발한 연주 활동을 펼쳤습니다. 그의 뛰어난 기교와 아름다운 음색, 강렬한 비브라토, 개성적인 리듬은 청중들을 매료시켰고, 니콜로 파가니니 이후 최고의 바이올린 대가로 평가받았습니다. 그는 37년 동안 하루에 14시간씩 연습해 왔습니다. 그런데 사람들은 그를 타고난 천재라고 부릅니다.

어떤 일이든 잘하려면 반복과 시간이 필요합니다. 실리콘 마감이든, 음악이든, 예술이든 마찬가지입니다. 존 레넌과 폴 매카트니가 수천 시간 무대에 섰듯, 하리프라사드 차우라시아가 늘 연습을 멈추지 않았듯, 파블로 데 사라사테가 37년간 하루 14시간씩 연습했듯, 남다른 솜씨와 경지에 이르는 길은 결국 '많이 해보는 것' 외에는 없습니다. 천재라 불리는 이들조차 예외 없이 그 길을 걸었습니다.

    실리콘 라인이 예술 작품처럼 곧고 아름다울 수 있었던 것은, 수많은 현장에서 손끝으로 익힌 경험이 쌓였기 때문입니다. 전문가와 비전문가를 가르는 것은 특별한 비법이 아니라 몸에 새겨진 꾸준함이었습니다. '많이 해보라'는 말은 가장 솔직하고, 가장 정직한 성공의 공식입니다.

오래가는 브랜드가
될 수 있을까?

○

　　　　　　　　시간이 흐르고 판매하는 품목이 다양해지면서 재고의 양도 점점 많아졌습니다. 창고에는 상품이 점점 쌓이고, 점점 더 큰 창고가 필요했습니다. 상품 재고는 마치 지폐가 쌓여 있는 것처럼 느껴졌습니다. 상품을 판매해서 현금화해야 이윤을 확보할 수 있습니다.

　순환율이 낮은 재고를 마주할 때마다 심장이 부정맥처럼 가늘고 불규칙적으로 뛰었습니다. 팔리지 못하고 방치된 재고는 결국 쓰레기가 되고, 처리하는 데 오히려 추가 비용이 소요됩니다. 기업의 손실일 뿐 아니라, 자원의 낭비이고, 지구의 환경에 대한 책임 문제로 이어집니다. 그렇기 때문에 상품은 반드시, 제때 주인을 찾아야만 합니다.

기업들이 매출의 순환을 빠르게 하려고 애쓰는 이유도 이 때문입니다. 재고가 창고에 머무는 시간보다 시장에서 소비자와 마주하는 시간이 길수록 상품의 라이프 사이클이 길어집니다.

재고를 효율적으로 소진하기 위해 위탁 판매, 직매입, 사입 등 다양한 유통 형태가 활용되고 있습니다. 백화점이나 대형 매장에서는 위탁 거래가 보편적입니다. 상품을 매장에 먼저 입고하고, 팔린 수량만큼 나중에 정산받습니다. 브랜드에서 상품과 집기 등을 준비하고, 백화점이나 대형 매장에서는 공간과 고객, 인프라를 제공합니다.

잘 팔리는 상품을 가진 브랜드에는 노출이 좋은 중심부의 자리가 주어지고, 판매가 저조하면 구석 자리로 밀려나기도 합니다. 현장에서 누가 상품을 담당하는지에 따라 같은 상품도 매출이 달라져 판매 사원의 확보에도 촉각이 곤두서 있습니다. 치열한 경쟁의 무대이기 때문에 소비자의 반응을 섬세하게 체감할 수 있습니다.

가장 감사한 곳은 B2B 거래처입니다. 안정적인 도매 거래처가 많으면, 현금 흐름이 좋아지고 상품의 순환 주기가 빨라집니다. 대표님들과 인간적으로 가까워지는 것도 매력적입니다. 숫자로만 남던 상품에 사람의 온기가 불어넣어집니다. 상품이란 누군가의 손을 통해야 비로소 생명력을 갖게 됩니다.

더리빙팩토리는 '실용적이면서도 오래오래 기분 좋게 쓸 수 있는 물건'을 바랐습니다. 이런 생각은 어린 시절의 경험에서 나왔습니다. 저의 색감, 촉감, 아름다움을 알아보는 눈은 엄마에게서 왔습니다. 엄마를 따라 동대문시장과 남대문시장을 누비던 기억이 생생합니다.

엄마는 일본 잡지의 옷본을 달력 뒷장에 옮겨 그리고, 잠자리가 그려진 가위로 천을 자른 뒤 싱거 미싱으로 밤늦게까지 바느질하셨습니다. 하루라도 빨리 딸들에게 예쁜 옷을 입히고 싶어 밤새 옷을 짓던 엄마의 마음은 예술가의 열정입니다.

엄마가 재봉틀을 꺼내 드르륵 박으실 때, 저는 그 옆에 앉아 실패에 남은 색실을 돌돌 감았습니다. 갈색 비오비타 병뚜껑을 돌려 단추를 꺼낼 때 크고 작은 단추가 유리병을 치는 소리는 마치 마라카스 소리 같았습니다. 재봉틀 소리를 들으며, 저는 줄무늬와 금색, 크리스털 단추를 옷감 위에 올려보는 놀이에 푹 빠지곤 했습니다. 그 놀이는 자정을 알리는 괘종시계 소리와 함께 끝나곤 했습니다.

엄마의 주방에는 알록달록한 스푼과 포크가 가득했습니다. 수저통 앞에서 어떤 색을 쓸까 고민하다가 연두색 스푼을 집어 들 때의 손에 착 붙는 촉감, 꿀을 섞은 미숫가루를 스푼으로 떠먹을 때 입술에 닿던 감각이 지금까지도 물건을 고를 때 중요한 기준이 되었습니다.

남대문시장에서 엄마의 찬장이 떠오르는 커트러리를 발견하고 여러 색의 샘플을 들고 와 사이트에 올렸습니다. 반응 역시 뜨거웠습니다. 색상, 사용성, 정서적 만족감이라는 키워드는 그때나 지금이나 브랜드, 콘텐츠 등 모든 프로덕트의 기준이 됩니다.

브랜드마다 성장에 이르는 길은 다릅니다. 어떤 브랜드는 충성도 높은 고객, 이른바 '찐팬'의 라이프 사이클에 맞춰 필요한 상품을 공급해 나갑니다. 이 경우 안정적인 매출을 확보할 수 있습니다. 시간이 흐를수록 브랜드도 서서히 팬들과 함께 나이를 먹습니다. 20대 고객들이 30대가 되고, 30대 고객들이 40대가 되면 브랜드의 힘이 약해질 수 있습니다.

특정 세대를 대상으로 하는 브랜드도 있습니다. 이 경우 구성원 모두가 동시대적 감각을 유지하며 변신해야 합니다. 10년, 20년, 100년을 살아남는 브랜드들은 그 변화를 꾸준히 해내는 곳입니다.

이렇게 브랜드를 운영하면서, 기업의 본질은 이윤 창출임을 절감합니다. 이윤을 늘리려면 매출을 높여야 하고, 매출 증대를 위해서는 많이 팔거나 단가를 높여야 합니다. 마진에는 인건비, 임대료, 공과금, 세금, 관리비, 운반비, 마케팅비 등 많은 부가 비용이 숨어 있습니다.

　부가 비용에 대한 이해 없이 제품을 판매하면 시간이 갈수록 손해만 누적됩니다. 반대로 마진을 너무 높이면 가격 경쟁력이 떨어집니다. 압도적인 기술력이나 강력한 브랜드 파워, 혹은 둘 다 확보하는 것이 지속 가능한 방법입니다.

　오직 우리만이 가지고 있는 독자적인 상품이나 서비스가 있다면 사랑을 독차지할 수 있습니다. 하지만 특허나 디자인 출원으로도 완벽하게 보호하긴 어렵습니다. 시장은 항상 변하고, 복제품에서 완전히 자유로울 수는 없습니다. 어떤 상품이 시장의 반응이 좋으면 금세 유사 상품이 쏟아지고 경쟁은 치열해집니다.

　시장의 변화와 경쟁, 복제품의 등장 앞에서도 좌절하기보다는, 더 근본적이고 본질적인 창의성과 진정성, 그리고 진짜 고객 경험에 열중하면 된다는 것을 믿습니다. 어쩌면 창작자란 끊임없이 새로움을, 탁월함을 증명해야 하는 '운명'을 가지고 있다고 생각합니다. 복제품이 나오면 도마뱀처럼 꼬리를 끊고 새롭게 도전하는 기세로 나아갑니다. 그 과정에서 우리가 가진 역량이 더 커지고 강해집니다.

　일본의 패션 브랜드 '미나 페르호넨'이 있습니다. 창업자 미나가와 아키라는 자연에서 영감을 받은 섬세한 문양으로 옷감을 만듭니다. 지역 파트너와 기술 개발을 통한 협업으로 어디에서도 볼 수 없는 고유한 원단을 생산합니다. 파트너사의 이윤을 확보하기 위해 적정 생산 규모를 유지하며 상생을 도모합니다. 일본 내 생산이므로 디테일만큼 원가율이 높아 코트 한 벌의 가격은 수백만 원이 됩니다.

고객이 브랜드를 만나기 위해 찾아가는 매장은 주변의 자연환경, 바람, 소리까지 고려해 위치를 정합니다. 고객은 미나 페르호넨의 독창성과 상품성에 기꺼이 지갑을 엽니다. 한국에서 열린 전시 '미나 페르호넨 디자인 여정: 기억의 순환'에서는 특별한 기념일마다 미나 페르호넨을 구입한 이야기, 지진 때문에 생긴 트라우마를 샛노란 스커트로 치유한 이야기 등 고객들의 옷과 얽힌 사연들을 만나볼 수 있었습니다. 미나 페르호넨은 고객이 오랫동안 아끼며 입을 수 있도록 구입한 옷의 수선 서비스를 제공합니다.

오래가는 브랜드란 독창성과 더불어 사람의 삶에 긍정적인 영향을 미치는지, 사회와 환경과 책임감 있게 소통하는지로 귀결됩니다.

가로수길 2층 카페,
세컨드 팩토리

　　　　　　　　　　브랜드를 운영하는 것은 자전거를 타는 일과 비슷합니다. 계속 페달을 밟아 앞으로 나아가야만 넘어지지 않고, 멈추면 곧 균형을 잃고 맙니다. 세상은 늘 변하고, 물가와 운영비는 꾸준히 오릅니다. 적어도 그 인상 폭만큼은 마진을 남겨야 사업을 유지할 수 있습니다.

완전히 새로운 상품과 서비스를 기획하거나, 기존에 없던 또 다른 제품군을 더하거나, 혹은 연관된 사업 영역을 확장해 나가야 합니다. 생존이 곧 변화이고, 성장이 곧 생존입니다.

온라인에서, 오프라인에서 거래처들이 저마다의 취향과 특색을 담아 더리빙팩토리 제품을 진열하면서 고객들의 문의가 쏟아졌습니다. "더리빙팩토리 제품을 모두 한 번에 볼 수 있는 곳이 있나요?" 우리도 역시 한자리에 브랜드의 세계관을 드러낼 플래그십 스토어의 필요성을 절감하게 됩니다.

사업의 확장은 마치 한 사람의 경력, 즉 커리어의 확장과 닮았습니다. 횡적 성장과 종적 성장이란 개념이 있습니다. 횡적 성장은 연관되는 카테고리를 넓히는 것으로, 옆으로 가지를 뻗는 것과 같습니다. 매장을 하나 더 내거나 새로운 지역에 진출하는 것은 평면적으로 넓혀가는 형태로 횡적 성장입니다. 다른 부서와 프로젝트를 함께하거나 새로운 업무에 도전해 역량을 넓혀가는 과정도 횡적 성장입니다. 반면에 시설이나 서비스, 전문성을 한 단계 업그레이드하면서 품질을 높이는 방식은 위로 성장하는 종적 성장입니다.

우리도 횡적, 종적 성장에 대해 고민했습니다. 생활용품 브랜드에서 카페를 오픈한다는 것은 사실 횡적 성장, 종적 성장 중 어디에도 딱 맞는 개념은 아닙니다. 완전히 새로운 비즈니스입니다. 하지만 만약 카페 공간에서 우리 브랜드의 생활용품을 직접 사용하는 환경이라면, 제품의 내구성과 실용성을 방문객이 자연스럽게 체험할 수 있다는 점에서 브랜드 경험의 깊이를 더하는 일이 될 수 있지 않을까 기대했습니다.

카페 오픈을 결심하고 나서 서울 곳곳을 발로 뛰며 적당한 자리를 찾기 시작합니다. 부암동, 양재동, 역삼동, 북촌, 서촌,

그리고 가로수길까지. 교통과 접근성, 출퇴근 거리도 계산했습니다. 최종 후보로 가로수길이 남았습니다.

　여기서 우리가 중요하게 본 조건들이 있습니다. 눈에 잘 띄는 위치일 것, 별도의 권리금이 없을 것, 그리고 사무실과 창고, 카페까지 모두 한 공간에서 운영할 수 있도록 넉넉한 60평 이상의 면적이 확보될 것. 사무실, 창고, 카페를 한 공간에서 운영하려는 전략은 여러 가지 실무적인 효율과 비용 절감을 위한 의도이기도 했습니다.

　권리금이 없는 곳을 찾은 이유는 후일을 생각하면 돌려받을 수 있을지 확신이 없었기 때문입니다. 만약 인증된 탄탄한 운영 내역이 있고 합리적인 권리금이라면, 그 흐름을 사는 것도 나쁜 선택이 아니라고 생각합니다. 가게를 찾는 손님의 발길은 물길처럼 일정해서 잘되는 가게의 그 '길'은 쉽게 바뀌지 않기 때문입니다. 권리금이 없다는 것은 그 물길을 새로 만들어가야 한다는 의미이기도 합니다.

　출산 후 100일이 채 지나지 않았을 무렵부터 직접 공인중개사 사무소를 찾아다녔습니다. 부기가 채 빠지지 않은 몸으로 가게 자리를 알아보러 다니는 일은 쉽지 않았습니다. 60평 정도 되는, 카페로 활용할 만한 공간이 있는지 물으니, 앉기도 전에 중개사가 "여기 비싼 동네인데 돈 있으시냐"라고 물었던 경험이 있습니다. 비싼 게 어느 정도냐고 되물었더니 예산 범위 안에 있어서 공간을 보여달라고 했습니다.

몇 군데 공간을 보여주었으나 마음에 차는 곳이 쉽게 나타나지 않았습니다. 사무실로 사용하던 곳을 보여준다기에 별 기대 없이 따라갔습니다. 눈이 크게 떠졌습니다. 그곳이 바로 그동안 마음속에 그려왔던 카페의 풍경, 그런 공간이었습니다. 1층은 주차장이었고 우리가 사용할 공간은 2층이었습니다.

2층이어도 외부 계단을 통해 바로 진입할 수 있었고, 2차선 도로에 접해 있었습니다. 건물 옆은 사설 주차장이었습니다. 건물 전면부, 측면부의 왼쪽 오른쪽 방향이 모두 트여 있어 개방감도 좋았습니다. 코너 자리, 2차선 도로, 횡단보도 앞, 주차장 옆 같은 가시성 높은 공간은 의도적으로 만들 수 없는 주어진 조건입니다.

실제로 사무실 안에 들어가 보니, 90평대의 넓은 공간이 드러났습니다. 건축물 대장상 제2종 근린생활시설이라 용도도 문제없었습니다. 30평씩 사무실, 창고, 카페로 나눠 쓰기로 결정했습니다. 임대한 공간이니만큼 인테리어 공사 비용을 최소화하면서도 브랜드 이미지를 명확히 전달해야 했습니다.

우리는 'Factory'에서 오는 공장 같은 느낌에서 출발하고 싶었습니다. 공장이지만 앤디 워홀의 팩토리처럼 예술성이 느꺼지는 공간이길 원했습니다. 묘하게 정감 가는 공장. 우선 바닥의 카펫타일을 모두 들어내고 시멘트 바닥을 갈아내 투명 에폭시를 시공했습니다. 벽에는 핸디코트를 거칠게 바르고 오래된 듯한 느낌으로 회색 페인트를 칠했습니다. 창틀은 금속으로 제작하고 민트색을 입혀 산뜻함을 불어넣었습니다.

가구 매장과 철물점, 목재상을 다니며 테이블은 현장에서 제작했고, 의자는 카르텔, 마지스 등 이탈리아 브랜드 제품을 적절히 섞었습니다. 창밖에서 카페 내부를 보면 테이블 세 개가 나란히 보였습니다. 컬러감이 돋보이도록 노랑, 보라, 흰색 플라스틱 의자를 놓았습니다. 알전구가 여러 개 매달린 펜던트 등을 디자인해 시공했습니다.

메뉴는 호텔 조리사 출신의 매니저와 함께 개발했습니다. 좋은 원두와 충실한 레시피, 거기에 직접 구운 와플과 간단한 브런치 메뉴를 곁들였습니다. 이 공간에서 더리빙팩토리의 생활용품과 리빙 소품, 독특한 브런치와 커피, 그리고 무엇보다 우리가 추구하는 라이프스타일이 담긴 '경험'을 동시에 제안하고 싶었습니다.

카페의 이름은 '세컨드 팩토리'로 지었습니다. 2층Second에 위치하고 더리빙팩토리Thelivingfactory의 두 번째 공장이라는 의미를 담았습니다. 문을 열고 들어서는 순간, 누군가는 팩토리의 거친 숨결을, 또 누군가는 색감 가득한 위트와 유쾌함을 느끼기를 바랐습니다. '오래오래 기분 좋게 사용한다'라는 브랜드의 철학을 자연스럽게 만나는 공간이길 소망했습니다.

카페를 여는 일에는 생각지 못한 작은 변수들이 많았지만, 많은 분의 배려와 응원으로 민원 한 번 없이 무탈하게 공사를 마쳤습니다. 카페를 준비하고, 오픈하고, 하나씩 자리를 잡아가는 과정에서 브랜드의 성장은 한 번의 점프가 아니라 수많은 선택과 결정, 많은 도움과 지원, 시도의 연속으로 이루어진다는 사실을 깨달았습니다.

'세컨드 팩토리'는 더리빙팩토리의 상품이 실제로 쓰이고, 소비자가 직접 음료를 마시고 공간을 느끼는 플래그십 스토어였습니다. 페달을 돌리면, 성장은 계속될까요?

잘되면
생기는 일

○

　　　　　　　　　　2차선 도로 건널목 앞, 세 면이 훤히 보이는 가시성을 지니고 바로 옆이 주차장인 자리. 카페를 하기에 이보다 더 맞춤인 조건이 있을까 싶었습니다. 경험이 없던 터라 깊은 계산 없이 정한 자리였지만, 돌이켜보면 그 선택이 너무 잘 들어맞았습니다.

　길을 걷던 사람들이 거리에서 2층을 올려다보며 "저기 뭐야?" 하고 손가락질하는 모습을 자주 목격했습니다. 그럴 때마다 공간이 사람을 부르고, 사람이 공간을 채운다는 사실을 다시금 깨달았습니다.

　2층은 1층보다 임대료가 저렴합니다. 이유는 단순합니다. 1층에는 자연스럽게 유동 인구가 몰리지만, 2층까지 올라오는 사람은 그보다 적기 때문입니다. 하지만 1층이 잘되는 매장이면, 그 기운을 타고 2층까지 손님이 올라오는 경우도 있습니다. 그런 의미에서 1층이 주차장인 필로티 구조의 건물은 상업용으로는 인기가 덜합니다. 상가는 돈이 흘러야 하는데 유동인구가 없는 상가는 상가로서의 가치가 떨어지기 때문입니다.

하지만 카페는 조금 다릅니다. 2층의 카페는 오히려 프라이버시가 보장되고 거리의 소음이 차단되어 대화에 심취할 수 있다는 장점이 있습니다. 회전율을 높일 방법만 찾는다면, 2층의 시야는 오히려 매력적인 자원이 됩니다.

가로수길의 은행나무는 뜨거운 여름에는 해를 가려주고, 가을이면 노랗게 물들어 실내를 환하게 밝혀줍니다. 계절의 변화가 카페 안에 자연스럽게 스며듭니다. 우리는 진입로가 잘 보이도록 계단참에 등을 달았습니다. 등 하나는 어두운 밤에 켠 촛불처럼 희미하게 느껴졌습니다.

2층으로 올라오는 길을 안내하듯 손잡이를 따라 LED 조명을 설치했습니다. 고객들은 레드 카펫을 걷는 배우처럼, 여름밤 등을 향해 날아드는 불나방처럼, 자연스럽게 빛을 따라 2층 카페로 올라왔습니다. 인간은 본능적으로 밝고 환한 곳을 향하기 때문입니다.

새로 오픈하는 점포에는 '오픈빨'이라는 것이 있습니다. 가로수길의 귀여운 2층 카페, 세컨드팩토리는 한국에서 발행되는 거의 모든 월간지에 소개되었습니다. 디자이너 부부가 운영하는 카페라는 점이 사람들의 호기심을 자극했습니다.

많은 분이 사랑을 보내주셨고, 우리에게도 단골손님이 생겼습니다. 단골을 위한 쿠폰을 만들었습니다. 쿠폰에는 카페 창가를 모티브로 한 일러스트를 그려 넣고, 알전구 모양의 스탬프를 찍어드렸습니다. 도장을 찍어드릴 때마다 손님들의 얼굴에는 환한 미소가 피었습니다. 카페는 점점 더 북적였습니다. 2층까지 올라왔다가 자리가 없어 내려가는 손님을 볼 때마다 미안함이 컸습니다.

"다른 메뉴는 없어요?"라는 손님들의 질문에 새로운 메뉴를 고민했습니다. 매출에서 와플이 차지하는 비중이 컸습니다. 달콤하기만 한 와플에 쌉싸름한 맛이 더해지면 어떨까 상상하고, 기존 와플 베이스에 에스프레소를 배합해 구워보았습니다.

와플을 구울 때 달고나처럼 달달한 커피 향이 카페 안에 퍼지면 와플 주문이 늘었습니다. 우리는 그 메뉴에 '에스프레소 와플'이라는 이름을 붙이고 바닐라 아이스크림을 곁들여 플레이팅했습니다. 블로그와 SNS에도 카페 세컨드팩토리에 대한 소개글이 많아졌고 연예인들도 찾아오기 시작했습니다.

카페는 정신없이 바빴습니다. 하루는 매장으로 전화가 걸려 왔습니다. 사장을 찾는 전화였습니다. 수화기 너머의 남자는 권리금 ○억을 줄 테니 매장을 넘기지 않겠냐고 물었습니다. 마음속으로 '우린 디자이너인데, 마지막까지 해야지'라고 생각했습니다. 임차인이라는 지위를 깜빡 잊고, 괜찮다고 대답하며 전화를 끊었습니다.

그 전화를 받은 지 얼마 지나지 않아 카페 세컨드팩토리 바로 옆 주차장에 펜스가 세워졌습니다. 동네 사람들 말로는 건물이 올라간다고 했습니다. 건물은 순식간에 지어졌고, 가을이 되자 높아진 건물 골조에 시원하던 뷰가 막혔습니다. 우리는 기역 자 창을 따라 민트색 창틀을 만들었는데, 새로 올라온 건물로 인해 그 반쪽 창이 완전히 가려졌습니다.

주차장이 없어진다는 것은 고객이 방문하기 힘들어진다는 의미였습니다. 영업에도 영향을 미쳤습니다. 엎친 데 덮친 격으로 주차장에 새로 올라간 건물은 카페가 된다는 소문이 돌았습니다.

뚝딱뚝딱 올라간 건물은 실제로 카페가 되었습니다. 1층, 2층을 모두 사용하는 대형 카페였습니다. 그 카페는 사람이 바글바글했습니다. 우리 카페의 회전율은 예전만 못했습니다. 새로 오픈한 카페에는 '커피 와플'이 있었습니다. 우리가 심혈을 기울여 만든 '에스프레소 와플'을 차용한 메뉴였습니다. 가격도 더 저렴했습니다.

카페 세컨드팩토리가 1년 남짓 되었을 때, 건물은 몇 배 상승한 가격으로 매매 계약이 체결되었습니다. 건물은 새로운 주인을 만났고, 우리는 공간을 비워야 했습니다. 이후 3년 정도 그 근처에 가지 못했습니다.

살다 보면 이런 일은 흔히 만날 수 있는 일입니다. 누군가는 저처럼 소심하게 3년이나 절절매고, 어떤 사람은 또 도전을 합니다. 어느 쪽을 선택할지 결정하는 것은 온전히 내 몫입니다. 유전자는 위기 상황을 만났을 때 진화하기 때문에, 힘든 일은 문제해결력을 강화할 수 있는 기회입니다.

잘된다는 것은 누군가에게 영감을 주는 존재가 된다는 의미입니다. 누군가가 따라 한다는 뜻이기도 합니다. 누군가가 따라 할 만큼 잘됐다는 사실은 성공을 의미합니다. 성공이 영원하지 않은 것이 문제입니다.

세상은 늘 움직입니다. 옆자리에 새로운 건물이 들어서고, 더 큰 카페가 생기고, 우리가 만든 메뉴를 더 싸게 파는 곳이 생깁니다. 누군가가 따라 하고, 경쟁자가 생기고, 환경이 바뀌고, 언젠가는 내가 그 자리를 떠나야 할 수도 있습니다. 하지만 그 과정에서 내가 얻은 경험, 만난 사람들, 그리고 공간에 남긴 기억은 쉽게 사라지지 않습니다.

일도, 삶도 계속 잘되면 좋겠지만 단언컨대 언제나 100% 완전히 잘되는 경우는 없습니다. 잘된다는 것은 언젠가 끝이 온다는 뜻이기도 합니다. 변화 앞에서 우리는 다시 선택해야 합니다. 계속 남을 것인지, 새로운 길을 찾을 것인지.

카페를 만들고 정리한 경험을 통해 끝도 새로운 시작이 될 수 있다는 것을 배웠습니다. 시간이 지나면 발효되어 독성이 사라지는 것처럼, 문 닫은 경험에서도 좋은 기억만 남습니다. 지금은 그 공간을 생각하면 달콤하고 쌉싸름했던 에스프레소 와플이 생각납니다.

인생엔 오묘한 맛이 있습니다. 여러 가지 맛이 어우러져야 비로소 완전해집니다. 다양성이 중요한 이유는 생명이 진화해 온 원리이기 때문입니다. 1845년 아일랜드에서는 감자 대기근 사태로 많은 사람이 생명을 잃었습니다. 원인 중 하나는 감자 한 품종에 지나치게 의존했기 때문입니다.

아일랜드 농민들은 수확량이 높고 생존에 유리한 한 품종의 감자만 재배했습니다. 그 품종에 감자 역병(감자잎마름병)이 퍼지자 모든 감자밭이 거의 동시에 피해를 입어 감자를 수확할 수 없었습니다. 자연 상태의 생태계에서는 다양한 품종이 섞여 자라기 때문에 한 가지 병해충이 모든 개체를 동시에 위협하지 못합니다.

    우리가 서로 다른 이유입니다. 누군가에게 영감이 되고, 다른 이들은 또 영감을 얻으며 함께 성장합니다. 힘든 일은 우리가 강해질 좋은 기회입니다.

성공을 대하는 태도

○

　　　　　　　상을 받거나 매출이 급증하는 등 전에 없던 성취를 맛보면 마치 나 혼자 해낸 것처럼 생각하기 쉽습니다. 몇 번의 성공이 계속되면 내 실력이 좋은 것처럼, 내가 잘해서 일어난 일인 것처럼 착각에 빠지기 쉽습니다. 내가 추진체가 되어 시작된 일이기도 하지만, 성공은 혼자 이루어낼 수 있는 것이 아닙니다.

　방 안에서 혼자 노트북으로 온라인 쇼핑몰을 만들어 높은 매출을 올린다 해도, 상품을 구입해 주는 한 사람 한 사람의 고객이 있고, 택배를 배달해 주는 기사가 있고, 제품을 만드는 사람이 있습니다. 그 모두가 있기 때문에 높은 매출을 올릴 수 있는 것입니다.

예술 역시 혼자 하는 것 같아도 스승이 있고, 뛰어남을 알아봐 주는 사람이 있어야 성공할 수 있습니다. 임윤찬 피아니스트는 반 클라이번 콩쿠르 우승 후 첫 인터뷰에서 '산에 들어가서 피아노만 치며 살고 싶다'는 바람을 밝혔습니다. "모든 것을 버리고 산에 들어가 피아노만 치고 싶지만, 그렇게 하면 수입이 없으니 어쩔 수 없이 콩쿠르에 나왔다"라고 말했습니다. 콩쿠르 우승은 예술에만 심취하고 싶은 내적 동기와 현실적 고민을 해결하는 방법이었습니다.

성공 후 잘난 척과 교만함이 무서운 이유는 알게 모르게 나를 도와준 사람들이 품었던 따뜻한 마음의 불씨를 꺼뜨리기 때문입니다. 그래서 성공의 의미를 아는 사람일수록 겸손합니다.

하루는 사무실로 저를 찾는 전화가 걸려 왔습니다. 함께 일하는 동료가 전화를 받아서 상대방이 제 친구라고 밝힌다며 전화를 바꿔주었습니다. 수화기 저편에 있는 사람은 군대에 간 다음 소원해졌던 친한 동창이었습니다. 너무 반가웠습니다.

그런데 친구는 제 전화를 받자마자 목소리가 달라졌다면서 재수 없는 사장님 목소리가 되었다고 말했습니다. 그즈음 엄마도 비슷한 말씀을 하셨습니다. 돈 좀 번다고 거들먹거린다고 하셨습니다. 큰돈도 아니었습니다. 무서운 사실은 저 자신은 그런 변화를 전혀 눈치채지 못했다는 것입니다. 이렇게 말해주는 사람들은 소중한 내 편입니다. 대부분의 사람이라면 조용히 멀리 떠나갑니다.

작은 성공에 취해 다음 단계로 나아갈 준비를 하고 있지 않다면, 더 높은 파도가 밀려왔을 때 흔적도 없이 사라질 수 있습니다. 성공을 다루는 태도가 다음 성공의 크기를 말해줍니다.

성공을 대하는 태도로 인상적이었던 사람은 데이비드 호크니입니다. 2018년 11월 15일, 뉴욕 크리스티 경매에서 데이비드 호크니의 대표작 〈Portrait of an Artist(Pool with Two Figures)〉가 약 9,030만 달러에 낙찰되었습니다. 2018년 기준으로, 생존 작가 작품 중 최고의 경매가였습니다. 세계 미술계가 떠들썩했습니다. 이 소식을 들은 데이비드 호크니는 아무 일 없었던 듯 그저 그림을 그렸습니다.

모든 것을 인증하는 SNS의 시대라도 성공의 축배는 조용히 드는 것이 좋습니다. 성공은 상대적인 박탈감을 가져오기 때문입니다. 성공을 기념하고 싶은 마음이 들 때는 기부도 좋습니다. 기부는 에너지가 흘러 더 큰 흐름을 만들게 도울 뿐 아니라 건강에도 이롭습니다. 기부의 효과에 대한 몇 가지 과학적 연구 결과를 소개합니다.

첫 번째 연구는 자선 기부를 할 때 뇌의 도파민 회로에 대한 연구입니다. 2007년 미국 오리건 대학 윌리엄 하보 연구팀은 19명에게 100달러를 준 후 자발적 기부, 의무적 기부(세금), 단순 수령 등 다양한 상황에서 뇌를 촬영했습니다. 도파민 회로가 가장 활성화되는 경우는 자발적으로 기부할 때였습니다. 돈을 받을 때만큼 기부할 때도 뇌의 보상 체계가 작동했으며, 자발적 기부일수록 쾌감이 더 높았습니다.

두 번째 연구는 면역항체에 대한 연구입니다. 1988년 하버드대 행동심리학자인 데이비드 매클렐런드 교수는 학생 132명을 두 그룹으로 나눴습니다. 한 그룹에게는 50분간 테레사 수녀가 봉사하는 모습의 영상을 보여줬고, 다른 한쪽에게는 평범한 영상을 틀어주었습니다.

영상을 본 다음, 학생들의 침에서 면역항체(이뮤노글로빈A) 수치를 측정했습니다. 평범한 영상을 본 학생은 아무 변화가 없었고, 테레사 수녀의 영상을 본 그룹은 면역항체 수치가 즉각 상승했습니다.

맹수들과 함께 살던 생태계에서 인간이 살아남기 위해서는 서로 돕고 돕는 손길이 필요했을 것입니다. 우리의 유전자는 다른 이를 도울 때 면역력이 증가하도록 진화해 도움을 받는 사람과 돕는 사람 모두에게 이로운 결과를 만들어냈습니다.

선행은 세로토닌과 옥시토신의 분비를 촉진합니다. 기분이 좋을 때 분비되는 이 호르몬들은 심혈관 질환 예방, 면역력 강화, 통증 완화 등 신체 전반에 긍정적 영향을 미칩니다. 세로토닌은 '행복 호르몬'입니다. 장의 연동 운동을 돕고, 혈소판 응집을 막아서 심혈관 질환을 예방합니다. 식욕 억제에도 영향을 줍니다.

옥시토신은 '배려 호르몬'으로, 대사증후군을 예방하는 데 도움을 줍니다. 내장 지방이 감소하고, 고혈당과 지방간이 개선됩니다. 옥시토신은 다른 생명체의 눈을 바라보고 웃을 때도 분비됩니다. 나 아닌 다른 이에게 친절함을 베푸는 것은 사실은 나를 위한 일입니다.

세 번째 연구는 긍정적 감정에 대한 연구입니다. 영국 가구 종단 조사UKHLS에 따르면, 자원봉사자와 기부자는 비참여자에 비해 미래에 대해 더 낙관적이고, 타인과의 유대감·유용함·이완감 등 긍정적 감정을 더 많이 느낀다고 보고되었습니다. 자원봉사자의 45%가 미래에 대해 낙관적이라고 답했으나 비자원봉사자는 28%에 그쳤습니다.

기부보다 더 좋은 것은 행동으로 하는 자원봉사입니다. 도움의 손길이 필요한 곳은 많습니다. '안나의 집'은 김하종 신부가 1998년 경기도 성남시에 만든 사회복지법인입니다. 김하종 신부는 이탈리아 사람으로 1990년 한국에 와서 1992년 성남에 둥지를 틀고 그때부터 봉사를 했습니다. 안나의 집에선 매일 쌀 160킬로그램, 김치 80킬로그램, 돼지고기 140킬로그램과 채소, 냉동식품 등이 노숙인 무료 급식을 위한 식재료로 사용됩니다.

저는 안나의 집에서 급식 배급과 설거지 자원 봉사를 했습니다. 배식 전 신부님 뒤를 따라 팔로 하트를 그리고 낯모르는 사람들과 눈을 맞추며 "사랑합니다"라고 외칠 때 심장이 쿵쾅거리는 행복감을 느꼈습니다.

코로나로 모든 급식소가 문을 닫았을 때는 920명분의 식사까지 준비해 본 적이 있다고 합니다. 어떻게 예산을 확보하냐는 질문에 신부님은 50%는 나라에서 지원해 주고, 50%는 후원자의 덕이라고 답했습니다. 그야말로 하느님이 도와주시는 것이라고 말했습니다.

좋은 일이 생기면 기부와 봉사를 통해 더 크게 순환하는 에너지를 만들 수 있습니다. 법정 스님은 돈은 곧 에너지라 큰 흐름을 만드는 사람에게 간다고 말씀하셨습니다. 큰 흐름을 만들어보세요.

견디는 것도
실력

○

　　　　　　　　가로수길 2층 카페 세컨드팩토리에는 빨간 펜던트 등이 달린 복도가 있었습니다. 오른쪽으로는 초록색 문이, 왼쪽으로는 노란색 문이 보였습니다. 초록색 문을 열고 들어가면 안쪽에 사무실이 있었습니다. 사무실에서 커다란 슬라이드 문을 열면 흰색 랙이 나란히 서 있는 창고가 보였습니다.

　카페의 민트색 창은 동쪽을 바라보고 있었습니다. 아침이면 새로운 하루를 밝히는 밝고 은은한 햇살이 은행나무 잎 사이를 넘어 카페를 가득 채웠습니다. 아직 영업이 시작되지 않은 카페에서 사무실 동료들과 커피를 내려 마시며 회의하곤 했습니다. 공간과 시간을 효율적으로 알뜰하게 썼습니다.

2년 동안 카페와 사무실, 창고를 함께 쓰는 테스트 기간은 예상하지 못한 변수로 일단락되었습니다. 정이 많이 들었는데, 가로수길 2층 카페 세컨드팩토리는 정리 수순에 들어갔습니다.

먼저 창고의 상품들을 어떻게 해야 할지 결정해야 했습니다. 상품들은 점점 늘어 담당자가 정리하는 데 과부하가 걸렸습니다. 주문을 발송할 때마다 상품을 찾느라 시간이 오래 걸리는 문제가 있었습니다. 하루의 주문량을 처리하는 데 필요한 인원이 늘어나는 것은 비용과 직결됩니다.

우리보다 먼저 이런 일을 겪은 회사들은 어떻게 이 문제를 처리했는지 스터디하다 물류 업체를 발견했습니다. 상품에 바코드가 부착되어 있으면, 입고 후 도매 거래처와 소매 거래처 모두에게 택배 발송이 가능했습니다. 한 달 내내 바코드 작업을 해 물류센터로 상품을 옮겼습니다.

카페의 물품은 새 건물주가 인수하겠다고 나섰습니다. 사무실은 다른 지역으로 이사를 하려고 알아보았습니다. 양재동에 유명한 건축상을 받은 건물을 발견하곤 그곳으로 결정했습니다. 고맙게도 사무실 동료들이 힘든 겨울 이사를 함께 해주었습니다. 그리고 3개월쯤 지났을 때 일하던 동료들이 모두 그만두었습니다.

용인의 시댁에서 시부모님과 함께 아이를 키우고 있었기 때문에 굳이 양재동에 있을 필요가 없었습니다. 또 이사를 결정했습니다. 이번엔 20평 오피스텔이었습니다. 다행히 저는 이사를 좋아하는 편입니다. 그 이사는 이사업체의 손을 빌려 남편과 둘이 했습니다. 살림이 불어나는 이사는 기분이 좋습니다. 하지만 살림이 줄어드는 이사는 세상에서 나의 흔적이 희미하게 지워지는 것 같은 상실감이 들었습니다.

목울대가 조였다가 메었다가, 눈물이 고였습니다. 도리도리 고갯짓하며 바닥의 쓰레기를 모아 봉투에 넣고 손으로 꾹꾹 눌렀습니다. 그때 뭔가가 손을 찔렀습니다. '악' 소리와 함께 손을 움켜쥐었습니다. 바닥에 새빨간 핏방울이 후드득 떨어졌습니다. 봉투에 깨진 유리 조각이 들어 있는 것을 모르고 세게 누른 것입니다.

이사를 하다 말고 피가 뚝뚝 떨어지는 손을 하늘로 쳐들고 병원을 찾았습니다. 사무실 근처 병원에는 꿰매주는 곳이 없어 택시를 타고 분당 병원으로 갔습니다. 의사 선생님이 손가락을 움직여 보라 하셨습니다. 상처가 깊은데 다행히 신경이 끊어지진 않았다고 합니다. 마취 주사를 놓고 두 바늘을 꿰맸습니다. 다 그만하고 싶었습니다. 무슨 부귀영화를 보려고 이러나 싶었습니다.

그래도 완전히 문을 닫지 않은 것은 "이제 안 합니다"라고 말하는 것이 어쩐지 자존심이 상했기 때문입니다. 일은 잘될 때도 있고, 잘되지 않을 때도 있습니다. 계속 잘되기만 하는 회사도, 그런 인생도 없습니다. 계속 잘하려고 하지 말고, 그냥 계속하자고 마음을 다독였습니다.

요즘 인기를 끌고 있는 브랜드 중 마리떼 프랑소와 저버를 보면서도 그런 생각을 합니다. 그 브랜드는 1965년 프랑스에서 마리떼 바슐르히와 프랑소와 저버가 설립한 패션 브랜드입니다. 공식 론칭은 1972년입니다. 대표적인 아이템은 벙벙한 실루엣의 배기진, 엔지니어드 진으로 세계적인 인기를 얻었습니다.

우리나라에서는 1990년대 초반부터 중반까지 10~20대 사이에서 폭발적인 인기를 끌었습니다. 1990년대 MBC 드라마 〈우리들의 천국〉에서 배우 장동건이 마리떼 청바지를 입고 등장하면서 '장동건 청바지'로도 유명했습니다. 20만 원에 육박하는 높은 가격에도 불구하고 연 매출 800억 원을 돌파했습니다. 큰 성공에도 불구하고 이 브랜드는 2012년 프랑스 본사가 파산 신청을 합니다.

그런데 이 브랜드가 몇 년 전부터 다시 눈에 띄기 시작합니다. 2018년, 한국의 한 대표가 마리떼 프랑소와 저버의 브랜드에 향수를 느껴 프랑스 본사와 라이선스 계약을 진행했습니다. 기존 마리떼 프랑소와 저버의 강한 이미지에 여성적인 감성을 더해 살짝 비틉니다. 론칭 첫해 3억이었던 브랜드는 10개월 만에 15개의 매장을 오픈하며 100억 대 매출을 만듭니다.

잘되는 것 같았다가 파산 신청을 하고, 꺼지는 듯했다가 다시 살아나는 이 과정이 브랜딩입니다. 브랜드brand를 끊임없이 만들어가는 과정은 진행형이기 때문에 '-ing'를 붙여 브랜딩branding이라고 말합니다.

견디는 시간은 생각보다 길고, 그 과정은 때로 고통스럽습니다. 얼마나 걸릴지도 모릅니다. 힘든 순간에는 누구나 모든 걸 내려놓고 싶어집니다. 그럴 땐 그저 자리를 지키는 것만으로도 충분히 대단한 일입니다. 힘든 시간을 버티는 것 자체가 실력이라는 걸, 시간이 흐르면서 조금씩 깨닫게 됩니다.

철은 망치로 두들길수록 강해집니다. 그게 단련입니다. 마음이라는 그릇을 힘든 일이라는 망치로 두들길수록 그릇이 커집니다. 힘든 일이 쏟아지는 중이라면 내 그릇을 크게 만드는 망치질이라고 생각하며 견디는 것도 방법입니다. 계속 앞으로 나아가는 법을 배우는 시간입니다.

식물은 거센 비바람에 뿌리를 뽑히지 않으려 안간힘을 쓰며 땅을 단단하게 잡고 자라고, 잎과 가지가 부딪히며 잎맥과

수맥이 퍼져나가 키가 자랍니다. 힘든 일은 어쩌면 자랄 기회가 되는 고마운 일입니다.

100만 원의 월세를 부담하는 사람, 1,000만 원의 월세를 부담하는 사람, 1억 원의 월세를 부담할 수 있는 사람의 마음의 크기는 다를 것입니다. 어쩌면 마음의 그릇을 단련하기 위해 예상하지 못했던 일들이 벌어지는 것일지도 모릅니다.

태풍이 몰아칠 때는 알지 못합니다. 다 지나고 난 다음 햇볕이 쨍쨍하게 내리쬐면 알게 됩니다. 덕분에 벌레도 깨끗하게 씻겨 나가고, 빗속 영양분을 충분하게 머금어 한 뼘 자랄 수 있었다는 것을.

3장
커리어

가지 속아내기

좋아하지 않는 일을
좋아하려면

○

　　　　　　　습관적으로 SNS를 보다가 꽃 사진에서 시선이 멈췄습니다. 자주, 빨강, 보라, 노랑, 검정을 오가는 독특하고 다채로운 컬러 프리즘을 가진 플라워 어레인지먼트였습니다. 큰 얼굴 꽃, 작은 얼굴 꽃, 텍스처로 쓰이는 은은한 꽃까지 강약중강약 리듬감과 함께 조형미가 있었습니다. 사진을 보는 순간, 주파수가 맞는 예술 작품을 만났을 때처럼 가슴이 일렁거렸습니다.

　아티스트의 계정을 찾아서 피드를 내려 모두 보았습니다. 피드에는 플라워 어레인지먼트가 가지런히 정리되어 있습니다. 꽃이 웨딩 부케가 되었다가, 의류 화보 속 배경이 되었다가, 구름이 되어 광고 비주얼의 표정을 짓습니다. 그녀는 '꽃'이라는 도구로 자기 세계를 표현해 나가는 사람이었습니다.

작업 범위는 웨딩 부케부터 설치 조형물까지 다양합니다. '꽃'으로 표현할 수 있는 세계가 이렇게나 다양하다는 것을 그녀의 피드를 보며 다시 느낍니다. 아름다운 꽃다발을 만드는 플라워 작가는 많습니다. 그런데도 이 작가에게 눈길이 멈춘 연유는 뭘까요?

이 아티스트는 꽃이라는 도구로 원을 그렸다가, 빙빙 돌리고, 공중으로 던져 두 바퀴 덤블링하게 하는 등 꽃을 자유자재로 변형합니다. 좋아하는 일을 신나게 하는 느낌이 고무찰흙을 가지고 노는 아이처럼 맑아서 그 기운에 동화됩니다.

작가는 분명 고심해서 만들었을 것입니다. 그러나 사진 속에서 분투한 흔적은 느껴지지 않습니다. 오히려 하고 싶은 일을 실컷 할 수 있어서 신이 난, 기분 좋은 느낌이 전해집니다.

좋아하는 일을 실컷 하는 것은 모든 직업인의 꿈입니다. 나는 언제쯤 좋아하는 일을 만날 수 있을까, 모험하듯 찾아 나서는 동료도 보았습니다. 그런데 어떤 일이든 못하면 재미가 없습니다. 잘하게 되면 재미있습니다. 어떤 일을 잘하게 되려면 시간과 노력이 필요합니다. 시간과 노력 없이 잘하는 방법은 없습니다. 운이 좋아 한 번은 잘할 수 있을지 몰라도 계속되지 않습니다.

처음에는 재미없었던 일도 잘하게 되면 재미있어집니다. 심리학적으로 사람은 어떤 활동을 잘하게 되고, 그 결과를 인정받거나 스스로 성취감을 느끼면 '유능감'을 학습합니다. 유능감은 내적 동기를 유발하고, 그 활동 자체에 재미를 느끼게 만드는 주요 요인이 됩니다.

활동의 난이도가 자신의 수준과 잘 맞을 때, '꽤 어렵지만 나 잘하잖아?'라는 생각이 듭니다. 이때 성취감과 재미가 동시에 생깁니다. 즉, 처음엔 좋아하지 않았던 일도 잘하게 되면 성취감과 유능감이 쌓이며 점점 재미를 느낄 확률이 높아집니다.

일은 늘 처음부터 다시 시작입니다. 그 막막함을 똑바로 바라보면서 하하하 웃으며 시작할 수 있는 사람의 작품에서는 에너지가 느껴집니다. 매일 어떻게 재밌고 신나게 할지 마인드셋하는 편이 좋습니다.

어떤 직업군에서는 일이 있을 때도, 없을 때도 있습니다. 배우도 그렇습니다. 칸 영화제에서 여우주연상을 받은 전도연도 그랬습니다. 그녀는 상을 받아도 일이 별로 들어오지 않아 놀랐다고 말했습니다. 인생이 달라질 줄 알았는데 그렇지 않았다고요.

그녀는 젊은 감독들과 자리를 마련해 적극적으로 소통했고, 그러다 보니 일이 하나둘 들어오면서 점점 늘어났다고 했습니다. '배우' 커리어로는 세계 최정상에 올랐는데도 그녀는 개의치 않고 자신이 좋아하는 일을 할 수 있도록 다른 산을 탐색하고 처음부터 다시 올라가는 길을 걷습니다.

그녀는 초심으로 돌아가 27년 만에 연극에 도전했습니다. 아무래도 스스로 발등을 찍은 것 같다고, 첫 무대 때는 죽고 싶었다는 인터뷰도 있었습니다. 베테랑 배우에게도 새로운 도전은 두렵고, 심장이 조이고, 숨이 멈출 것만 같은 일입니다. 왜 굳이 그녀가 연극 무대에? 사람들은 자기가 좋아하는 일에는 물불을 가리지 않습니다. 그녀는 연기를 사랑하는 것입니다.

아무리 대단한 상을 받은 배우라도, 몇 편의 필모그래피가 있든 간에 오디션을 보고 처음부터 다시 시작합니다. 과거의 성취는 지나간 영광으로 툭 털어내고, 다양한 세대와 적극적으로 소통하며 체력과 기술을 연마합니다. 폭넓은 표현력은 꾸준한 시도와 근면함의 다른 말입니다.

화가는 그림을 그리는 것이 일입니다. 역시 많이 그려두는 편이 좋습니다. 무명이었다가 화단의 주목을 받게 되면 그려둔 그림이 많아야 그 흐름에 올라탈 수 있습니다. 작품이 없다면 좋은 기회를 놓칩니다. 사람들 대부분은 인내심이 없기 때문에 작품을 만들 때까지 기다려주지 않습니다. 원하는 만큼의 작품이 없으면 떠납니다.

글 쓰는 작가 역시 써둔 작품이 많아야 다음 책들을 출간할 수 있습니다. 나의 일을 가지고 노는 경지에 이르려면 많이 하는 수밖에 없습니다. 다작은 깊고 넓은 도전의 징표입니다.

헤밍웨이는 훌륭한 작가는 타고나는 것이라 합니다. 하지만 엄청나게 노력하면 쓸 만한 작가가 될 수 있다고 말합니다. 저도 매일매일 쓰면서, 오늘은 이렇게 해볼까, 내일은 저렇게 해볼까 궁리하며 스틱 한 개로 싱글 스트로크하다가 8비트 리듬으로 두드리듯 하루를 연주하고 있습니다.

새벽에 일어나 침대에 누워 배 위에 노트북을 올려두고, 약간 졸린 상태에서 뇌가 하는 이야기를 아무 생각 없이 받아 적어보기도 합니다. 데스크톱 컴퓨터 앞에 앉아 허리를 꼿꼿하게 세우고 생각하며 글을 쓸 때보다 속도가 빠르고 글에 더 윤기가 돕니다. 스레드에 졸릴 때 글을 쓰는 작가가 있는지 물었더니, 어떤 작가가 댓글을 남겨주었습니다. 때로는 브레인스토밍하듯 무비판을 전제하고 쓰다 보면 글이 그냥 나온다고 말합니다.

배우나 작가나 화가나 어떤 일이든 잘하게 되면 점점 더 재미있어집니다. 처음에는 서툴고 어렵게만 느껴지던 일도 반복과 연습, 작은 성공이 누적되면 자신감이 생기고 그 일에서만 느낄 수 있는 특별한 즐거움을 발견하게 됩니다. 그 과정에서 사람은 성장하고 자신의 한계를 넓혀갑니다. 좋아하는 일을 찾는 것도, 잘하는 일을 재미있게 만드는 것도 모두 꾸준한 시도와 노력이 필요합니다.

기록을 책으로
만드는 법

○

　　　　　　　　　　글을 쓰고 싶은데 어떻게 해야 할지 깜깜할 때, 《아티스트 웨이》라는 책을 만났습니다. 매일 쓰면 작가라고 응원해 주는 그 책 덕분에 매일 쓰기 시작했습니다. 1년 동안 매일 쓰면 책이 한 권 나온다는 말이 불씨가 되어 마음에 불을 붙였습니다. 그리고 1년 후 실물 책을 손으로 잡아볼 수 있었습니다.

　그 말을 듣고 1년을 따라서 썼는데 왜 내 책은 안 나오냐고 묻는 분을 몇 분 만났습니다. 죄송합니다…. 좀 더 자세한 설명이 필요할 것 같습니다. 매일 아침에 쓴 글로 책을 출간한 것은 아닙니다. 매일 쓰는 행위는 운동선수에게 비유하자면 몸풀기와 같은 행위로, 그것만으로 책이 되진 않습니다. 책을 위한 글을 별도로 썼습니다.

 그래도 아침 글쓰기는 책 쓰기를 돕습니다. 내 안의 저항, 두려움, 편견과 선입견을 걷어내 마음의 효율을 높이는 클리너이기 때문입니다. 그렇게 몸을 풀고 나면, 주제 있는 글쓰기를 하기 위해 팔다리를 탁탁 털며 출발선에 설 수 있습니다. 또 아침에 쓴 글에서 책의 주제와 글감이 나타나면 채집해 두었다가 책을 위한 글로 다시 빚을 수 있습니다.

 책을 쓴다는 것은 아침 글쓰기와는 다릅니다. 책은 '독자'가 있어야 하므로 독자에게 재미, 지식, 감동을 주는 주제가 있어야 합니다. 주제를 정했다면 40~50개의 목차를 구성하고 적어도 200자 원고지 600~800매를 끌고 나가며 마무리할 수 있는 뚝심이 필요합니다. 그다음에 품고 있는 이야기를 글 실력이라는 베틀로 옷감을 짜듯 직조합니다.

 글쓰기 실력보다 뚝심을 앞에 쓴 이유는 글을 쓰는 동안 포기하고 싶은 순간이 너무 많이 오기 때문입니다. 한 개의 글을 마치고 다른 글을 시작할 때마다 빈 화면을 보면, 뭘 쓰지 하는 중압감이 느껴집니다. 그 무게감을 물리치고 한 개 한 개 글을 쌓아나가 반쯤의 분량이 되면, 세상에 이렇게 재미없고 건조한 글이 있을까 하고 어처구니없이 한심해집니다.

 이것은 모든 작가가 겪는 문제로, 이 때문에 창작을 고통이라 말하는지도 모릅니다. 세상에 없는 무언가를 창작하는 사람들이라면 누구나 겪는 일입니다. 이것을 물리치는 유일한 방법은 그저 쓰는 수밖에 없습니다. 책 한 권 분량이 되면 백마를 탄 유능한 편집자가 나타나 상황을 모두 정리해 줄 거라 굳게 믿으면서요.

책을 쓰는 과정은 작가마다 고유해서 표준화가 어렵습니다. 저의 방식을 소개하자면 다음과 같습니다. 먼저 주제를 정합니다. 주제는 작가의 삶과 전문성을 배경으로 할 때 설득력이 있습니다. 작가가 보고 듣고 느낀 것이 세상에 없던 새로운 이야기가 되기 때문입니다. 책에는 성공한 완성형의 이야기를 써야 한다고 여기지만, 읽는 이들에겐 멋지고 잘난 완성형은 재미가 없습니다. 멋지고 잘난 부분은 영화의 마지막 부분과 같습니다. 결말만 보면 설득력이 약하고 오래 기억되지 않습니다. 이야기란 주인공이 죽을 만큼 힘들수록, 상상도 못 한 고난을 겪을수록 뇌리에 오래 남습니다.

독자는 작가가 얼마나 멋진 사람인지 하나도 궁금하지 않습니다. 자신과 비슷한 보잘것없는 사람이 '어떻게' 성장했는지에 관심이 많습니다. 자신도 그렇게 성장할 수 있을지 궁금하니까요. 작가의 혹은 주인공의 찌질한 이야기를 드러낼수록 독자를 끌어당기는 힘이 강해집니다. 쓰려고 하는 이야기가 재미, 정보, 감동의 요소 중 어디에 해당하는지를 분석하면 산출물이 소설인지, 에세이인지, 시인지 그 형태를 정할 수 있습니다.

주제와 산출물의 형태를 정한 후 목차를 작성합니다. 작곡을 하듯 주제에 관련된 대목차를 기, 승, 전, 결로 설정합니다. 예를 들어 주제가 '라면 끓이기'라면, '물을 끓입니다', '라면 봉지를 뜯습니다', '라면수프를 넣습니다', '라면을 넣습니다' 같은 형식이 됩니다. 다음 단계로, 대목차별로 10개 정도의 소목차를 뽑습니다.

'물을 끓입니다'에는 '550mL의 유리컵을 꺼냅니다', '물을 받습니다', '전기레인지를 켜고 냄비를 얹어둡니다', '물을 스테인리스 양수 냄비에 붓습니다', '빨리 끓이려면 정수기의 온수를 받습니다', '물에 식초 한 방울을 넣습니다', '물이 팔팔 끓기 시작할 때까지 기다립니다', '그사이 달걀을 풀어둡니다' 등이 있습니다.

목차를 정한 다음 각각 제목에 맞춰 한 편의 글을 원고지 15~20매 정도로 씁니다. 글 한 편 속에서 기, 승, 전, 결을 맞춥니다. 이 일을 40번 정도 반복하면, 최종 원고의 양은 600매에서 800매 사이가 됩니다.

한 꼭지 1천 자의 글을 2천 자로 늘리고, 2천 자의 글을 3천 자로 분량을 늘리는 것은 다른 차원의 전심전력이 필요하니다. 하나의 흐름을 가지고 긴 글을 쓰려면 그에 따른 사유력이 필요하기 때문입니다. 깊이 생각하고 이치를 따지는 힘은 체력과 마찬가지로 하루아침에 자라지 않습니다. 그래서인지 새로운 책의 계약서를 쓰고 난 다음에는 책이 읽고 싶습니다.

마감을 피하고 싶은 본능인지, 사유력에 대한 갈증인지 확인하진 못했으나, 본격적인 집필에 들어가기 전 독서량이 폭발적으로 증가합니다. 평소에도 책을 부지런히 읽지만 이상하게 자꾸 두꺼운 책, 벽돌책이 읽고 싶어집니다. 그러면 마감을 지키지 못할 가능성이 높아집니다. 도망가고 싶은 마음의 스위치를 끄고, 다시 과업을 위해 회귀합니다.

분량이 다 만들어지면 중복되는 이야기가 있는지 글을 다시 점검합니다. 작가가 반복적으로 사용하는 말버릇 같은 단어도 'Ctrl+F'로 검색해서 삭제하고 변경합니다.

제가 글을 쓸 때 사용하는 프로그램은 웹소설 저작 프로그램 노벨라입니다. 한글 프로그램, 워드, 구글 독스 등 다양하게 사용해 보았으나 노벨라가 효율이 높았습니다. 저의 경우 다양한 OS 환경에서 쓰는데, 노벨라는 윈도우, 안드로이드, 맥 OS, iOS를 오가며 안정적으로 작동했습니다.

노벨라는 목차를 마음대로 이동하며 글의 흐름을 잡을 수 있는 점도 매력적이고, 화면 아래쪽에 글자 수를 자동 계산해

주는 기능도 편리합니다. 글자 수를 알아보느라 버튼을 누르는 시간이 줄어 속도가 비교할 수 없을 정도로 빨라졌습니다. 기본 맞춤법 검사도 가능합니다.

게다가 화면의 바탕색을 바꿀 수 있어 글이 잘 써지는 나만의 세팅으로 최적화할 수 있습니다. 저는 초록색 바탕에 글씨 색은 흰색으로 지정하고, KoPubWorld 바탕체, 글자 크기 10pt에 줄 간격은 150%로 설정해 두었습니다.

글 쓰는 것을 도와주는 작법서에 대해 정세랑 작가와 이야기를 나눈 적이 있습니다. 주위 작가분들은 스티븐 킹의 《유혹하는 글쓰기》를 많이 보는 분위기라고 말했습니다. 그 책도 좋고, 《뼛속까지 내려가서 써라》, 《작가 수업》, 《글을 쓰고 싶다면》, 《직업으로서의 소설가》도 추천합니다.

작가가 되는 법에 관한 책 중에는 《이렇게 작가가 되었습니다》를 재미있게 읽었습니다. 정아은 작가는 5권의 장편소설을 쓰고, 이번에도 안 되면 작가는 포기하리라 마음먹고 응모한 소설이 한겨레문학상을 받으며 등단했습니다. 작가라는 직업을 시퍼런 고등어가 펄떡펄떡 뛰는 것 같은 필력으로 생생하게 그렸습니다.

여러분의 고유한 삶을 기록해 주세요. 우린 서로 기꺼이 독자가 될 준비를 마쳤습니다.

자신감을
기르고 싶다면

지인과 대화를 나누다가 학교 숙제인 일기 얘기가 나왔습니다. 그녀는 매일 일기를 쓰는 것이 너무 귀찮다고 말했습니다. 매일 하는 일이 똑같은데 왜 학교에서는 일기를 숙제로 내는지 모르겠다고 말했습니다. 쓸데가 없는데 왜 써야 하는지 이해가 안 된다며 그야말로 시간 낭비라는 말을 더했습니다.

그녀가 매일 똑같은 일을 한 것을 적는 기록을 '일기'라고 말한 것은, 일지와 일기를 혼동했기 때문입니다. 매일 한 일을 기록하는 것은 일지입니다. 일지는 특정한 목적이나 주제를 가지고 객관적인 사실과 현상, 진행 상황을 기록하는 실용적 성격의 글로, 연구실, 실험실, 산업 현장 및 건설 현장, 회사 등에서 기록의 목적으로 사용됩니다.

일기는 하루를 보내며 사유, 감정, 감상을 자유롭게 기록하는 감성적인 글입니다. 하루 동안 겪은 무엇에 대한 내 견해를 기록합니다. 이 기록이 중요한 이유는 내적 성장을 이끌기 때문입니다. 내면의 성장을 위해서는 자기 행동, 가치관 등을 돌아보며 성찰하는 시간이 필수적입니다. 자기성찰은 심리적 회복탄력성resilience과 자기효능감self-efficacy을 높이는 핵심 도구입니다.

줄리아 캐머런 작가는 매일 아침 일어나자마자 쓰는 글쓰기에 '모닝페이지'라는 이름을 붙였습니다. 모닝페이지는 A4 크기의 노트 세 장을 20분 동안 쓰는 것을 말합니다. 저도 2017년 6월 11일부터 하루도 빼놓지 않고 매일 아침 써왔는데, 아침마다 정신에 백신을 돌린 것처럼 개운하고 시원해지는 것을 느낍니다.

처음엔 어떻게 써도 20분 안에 세 장을 쓸 수 없었습니다. 5년쯤 지났을 때 깨달은 사실은 줄리아 캐머런 작가는 영어로, 저는 한글로 쓰고 있다는 것입니다. 그래서 글쓰기의 속도가 달랐습니다.

한글로 쓰려면 한 페이지에 열여섯 줄을 쓰면 됩니다. 저는 이 방식을 '아침 글쓰기'라고 이름 붙였습니다. 그런데 아침 글쓰기를 하는 동안 열여섯 줄을 세느라 시간을 보내는 자신을 발견하고, 노트를 제작했습니다. 3년째 그 노트를 사용하고 있습니다.

아침에 일어나자마자 잠이 덜 깬 눈으로 책상 앞에 앉아 글을 씁니다. 떠오르는 것을 검열하지 않고 손이 가는 대로 쓰는 게 핵심입니다. 요즘 세상은 손으로 글씨를 쓸 일이 별로 없습니다. 처음 노트를 펴고 일기를 쓰던 날, 볼펜을 잡은 손에 힘이 들어가지 않아 낯설었던 기억이 생생합니다. 그런데 손으로 써야 합니다. 손으로 쓸 때 뇌의 혈류가 증가하고 뇌의 운동피질, 감각피질, 해마가 활성화되기 때문입니다.

처음에는 볼펜으로 썼습니다. 볼펜으로 쓰는 속도는 사고의 흐름을 따라가지 못해 생각이 자꾸 멈췄습니다. 그다음엔 잉크가 잘 흐르는 만년필로 쓰기 시작했습니다. 녹색 잉크로 쓸 때와 갈색 잉크로 쓸 때, 깊은 바다색 잉크로 쓸 때 속도가 다 달랐습니다. 그렇게 사소한 것에서도 생산성의 차이가 난다는 점이 신기했습니다.

8년째가 되는 올해는 만년필을 쥔 손의 힘이 살짝 약해지는 것 같았습니다. 그래서 연필로 쓰기 시작했습니다. 종이 위에 연필로 쓰려면 꾹꾹 눌러써야 해서 손이 아프지만 느슨해진 손의 신경이 다시 야물어지고 있습니다.

연필을 탐색하는 여정도 즐거웠습니다. 블랙윙의 매트 연필과 스테들러의 흑연 연필을 씁니다. 또박또박한 글씨를 보는 재미와 함께 귀여운 몽당연필이 늘어납니다. 소설가 김훈은 작품도 연필로 씁니다. 몽당연필은 모아두었다가 독자를 만날 때 나눈다고 합니다. 너무 멋져서 저도 배우려고 합니다.

세 장이 많다고 한 장만 쓰시는 분도 종종 만났지만, 세 장을 쓰는 게 효율적입니다. 한 장 반에서는 아무 의미가 없는 이야기들을 중얼대고 있고, 나머지 한 장 반에서 쓸모 있는 것들을 건질 수 있기 때문입니다.

잠에서 덜 깼을 때 직관과 통찰이 활발합니다. 의식이 아직 잠에 취해 있기 때문입니다. 의식은 판단하고, 비판하고, 비교하는 분석적 뇌입니다. 그래서 보이는 확실한 무엇이 아니면 하지 않습니다. 무의식은 이미 알고 있는데, 의식은 그걸 믿지 않습니다.

애플의 마우스를 만든 디자인 회사 IDEO의 창업자 톰 켈리는 일부러 그 시간을 활용합니다. 잠에서 깨면 바로 일어나지 않고 눈을 감은 채 풀리지 않는 문제를 생각합니다. 해답을 찾아내기도 합니다.

글쓰기는 일종의 명상입니다. 쓰는 동안 내면의 진정한 나를 발견할 수 있고, 풀리지 않던 마음 깊은 곳의 문제를 해결할

실마리를 찾을 수 있습니다. 누구에게도 말하지 못했던 기억이나 감정을 글로 쓰는 과정에서 치유가 일어납니다.

우리의 무의식은 두려운 일과 걱정거리를 크게 생각합니다. 종이 위에 글로 옮기는 과정에서 커다란 걱정거리를 이성으로 필터링하는 과정을 거칩니다. 걱정거리는 종이 위에서 작은 글자로 바뀌며 '에계!' 하고 만만하게 여겨집니다.

텍사스 대학교의 제임스 페니베이커 교수는 글쓰기의 효과와 치료적 가치를 입증한 세계적인 심리학자입니다. 그는 사람들에게 자기 내면의 깊은 감정과 생각을 솔직하게 써보라고 권하며, 이런 형태의 글쓰기를 '표현적 글쓰기'라고 명명했습니다.

그는 참가자를 대상으로 트라우마로 여겨질 만큼의 외상 경험이나 고통스러운 사건을 3~4일간 하루 15~20분 솔직하게 글로 쓰는 실험을 진행했습니다. 참가자들은 병원을 찾는 횟수가 줄고, 면역 기능도 향상되었으며, 우울감과 괴로움도 줄어드는 등 건강이 좋아졌습니다. 피상적인 주제의 글쓰기를 한 집단보다 '표현적 글쓰기'를 한 집단이 43% 적게 의사를 찾았습니다.

글을 쓰고 싶어 하는 사람들이 많습니다. 인간에게는 표현의 욕구가 있기 때문입니다. 나를 표현할 때 행복감이 증가합니다. 글을 쓸 자격은 누군가가 주는 것이 아닙니다. 줄리아 캐머런 작가는 매일 쓰면 누구나 작가라고 독려합니다. 저도 처음 글쓰기를 시작할 때 이 이야기가 큰 힘이 되었습니다.

그동안 매일 아침 일기를 써온 노트가 어느새 40권이 넘었습니다. 다 쓴 노트가 한 권 한 권 늘어날 때마다 마음의 뿌리가 자라는 느낌이 들었습니다. 꾸준함이 노트라는 물성을 띠고 서가에서 지켜주는 느낌입니다. 들쭉날쭉한 노트가 지저분하게 느껴져 안 보이는 곳으로 치웠던 적이 있습니다. 그랬더니 삼손이 머리카락을 잘린 것처럼 기운이 빠지는 것 같아 다시 잘 보이는 곳으로 옮겼습니다.

자신감은 내가 나를 위해, 내가 하고 싶은 일을 나에게 매일 해줄 때 생깁니다. 그 일이 글쓰기일 수도, 운동일 수도, 악기 연주일 수도 있습니다. 우리 사회가 쓸모없다고 여기고 비중을 점점 줄여온 음악, 미술, 체육 같은 예체능이 가진 효능입니다.

그렇게까지
하고 싶지 않아요

○

　　　　　　　　　　서래마을 예술서점 '해금서가'
에서 북토크가 열렸습니다. 서점 주인인 천지윤 해금 연주가
는 아늑한 서가에 작가를 초대해 책 이야기를 듣고, 그에 어울
리는 음악을 페어링해 해금으로 들려줍니다. 오밀조밀 가까이
앉아 심리적 안전거리의 경계가 허물어지는 곳에서 책과 음악
이야기를 듣는 시간은 서로의 마음에 접속하는 비현실적인 순
간입니다.

　오랜만에 만난 천지윤 해금 연주가는 전날 밤늦게까지 리
허설을 하고 밤새 잠을 이루지 못했다고 합니다. 너무 힘이 드
는데, 그래서 재미있다고 환하게 웃었습니다. 힘들다는 것은
도전할 과제가 있다는 말이고, 그 단계를 넘어서면 실력이 한

뻠 자라기 때문입니다. 그녀는 쉬운 것은 재미가 느껴지지 않는다고 했습니다.

이날의 북토크는 인천지방법원, 서울남부지방법원 판사를 지낸 조용주 변호사의 첫 책 《책 속을 걷는 변호사》를 주제로 했습니다. 조용주 변호사는 순례길 학교, 서초독서회 등 다양한 모임을 이끌고 있으며, 인천고등법원 유치 위원회에서 활동하며 2024년 인천고등법원 유치를 이끌어낸 주역입니다. 오랜 법조인 경력과 다양한 독서를 바탕으로 인생과 세상을 통찰하는 책을 썼습니다.

북토크에서 인생에서 기억할 만한 순간을 묻는 질문에 그는 중학교 1학년 때의 일을 꺼냈습니다. 반에서 1등 정도 하고 있었는데, 서울에서 출퇴근하던 선생님이 지나가는 말로 "서울 애들은 참고서도 보면서 공부하는데, 너는 어떻게 공부하니?" 하고 물었습니다. 그 순간 뭔가 각성이 되는 것을 느꼈다고 합니다.

그때까지 교과서만 보고 공부하던 그는 '서울 애들'과 '참고서'라는 단어에 자극을 받아 바로 서점에 가서 참고서를 구입했습니다. 겨울방학 3개월 내내 그 책을 보고 치른 시험에서 전교 1등을 했습니다. 학교에서 1등을 하고 나니, 권력이 생긴 것 같았다고 합니다. 꿈은 점점 더 커져 인천 1등, 전국 1등이 되었습니다. 실로 열심히 공부했다고 합니다. 너무 오래 앉아 있어서 혈변을 볼 정도였습니다.

어떤 모임에서 제가 이 이야기를 전하자, 함께 있던 사람들은 "그렇게까지 하고 싶지 않아요"라고 말했습니다. 그건 너무 여유가 없어서 싫다는 것입니다.

지브리 스튜디오 설립 40주년을 기념해 제작된 다큐멘터리 〈미야자키 하야오: 자연의 영혼〉에서 창업자 미야자키 하야오는 "요즘 사람들은 스트레스를 줄이고 즐겁고 편하게만 살려고 해요. 하지만 항상 그렇게 살 수는 없어요. 가끔은 자기 능력을 120%로 발휘해야 하는 때가 있어요. 그런 순간이 없으면 아무것도 이룰 수 없어요"라고 말했습니다.

그는 도시락 한 개를 젓가락으로 반을 나눠 한쪽은 점심에, 다른 한쪽은 저녁에 먹으며 평생 그림을 그렸습니다. 40년의 내공으로 그는 무리하지 않고 자신을 120% 발휘하지 않으면 제대로 된 작품을 만들 수 없다고 말합니다. 자신을 120% 발휘하는 동안 하고 싶은 것을 할 수 있는 능력을 갖게 됩니다.

블랙핑크의 멤버이자 독립 레이블을 갖고 있는 아티스트 제니는 2025년 코첼라 무대에서 세계의 주목을 받았습니다. 그녀는 LA 사막에 모인 25만 명 앞에서 약 50분 동안 첫 솔로 앨범 '루비'의 수록곡을 포함해 13곡을 쉬지 않고 불렀습니다.

음악 팬들의 대단한 환호를 받았습니다. 공연을 성공적으로 마친 그녀는 tvN 예능 프로그램 〈유 퀴즈 온 더 블럭〉에 출연했습니다.

블랙핑크 멤버 4명이 함께하던 공연을 솔로 아티스트로 준비하며, 스스로 이 일을 할 수 있을지 믿을 수 없었다고 합니다. 스트레스가 얼마나 심했던지 살아 있는 게 신기할 정도라고 말했습니다. 스스로에 대해 의구심을 갖고 도망갈 곳을 찾는 자기 모습을 보고, '아니야. 나를 믿고, 사람들을 믿어야 해'라고 스스로에게 계속 말했습니다.

공연에서는 늘 체력의 한계를 느꼈는데, 이번 공연에서는 그걸 극복해 보고 싶었다고 합니다. 그녀는 50분 무대를 위해 시간 날 때마다 50분 세트 리스트를 틀어놓고 계속 달리면서 노래했다고 말했습니다.

자기 한계를 넘어서기 위해서는 엄청난 노력이 필요합니다. 우리는 자전하는 지구처럼 습관적으로 살아갑니다. '노력을 한다'는 것은 그 방향을 거꾸로 돌리는 것입니다. 스트레스를 이겨내고 악착같이 해낸 경험은 회복탄력성과 자기효능감을 증진시킵니다. 인생에서 이 경험은 반드시 필요합니다. 삶이라는 바다에는 평온한 날도, 폭풍우가 몰아치는 날도 있습니다. 한계를 깨고 나온 사람은 담담하게 헤쳐 나갈 수 있습니다.

노력은 누구를 위한 것이 아닙니다. 누군가 봐주기를 기대하는 것도 아닙니다. 작가가 되기로 결심하고 글을 쓰기 시작했을 때, 저는 새벽잠을 줄이는 것부터 시작했습니다. 새로운 커리어를 위해 미친 듯이 노력하는 제 모습을 가까이에서 지켜보던 사람들은 그렇게까지 노력해도 아무것도 되지 못할 수도 있다고 걱정하듯 말했습니다.

그 말은 아마도 아무것도 되지 않아 실망할지도 모를 저를 위해 한 말일 것입니다. 하지만 아무래도 괜찮았습니다. 인생은 한 번뿐이고, 나중에 '그때 그것을 할 걸 그랬어'라고 후회하고 싶지 않았습니다. 누군가 알아주지 않아도 노력은 모두 내 안에 차곡차곡 쌓입니다.

그렇게까지 하고 싶지 않은 마음은 그렇게까지 노력했는데도 아무것도 되지 않을까 봐 회피하는 마음입니다. 실패할 가능성이 있는 일에는 도전하지 않고 안전한 선택만 하려 합니다. 쉬운 일만 반복해서는 실력을 키우지 못합니다.

제가 다녔던 미술학원에서는 처음에 종이와 연필을 주고 가로 세로로 선 긋기를 시키셨습니다. 가로 세로 선 긋기만 해서는 그림을 완성할 수 없었습니다. 선을 똑바로 그을 수 있게 되자 석고상을 그리는 법을 알려주셨습니다. 선 긋기로 시간을 보내면서 그림을 그리고 있다고 위안해선 안 됩니다.

쉬운 일을 되풀이하는 거짓 바쁨은 단기적으로는 스트레스를 줄일 수 있지만, 장기적으로는 성장과 성취, 자기효능감, 만족스러운 인간관계 형성에 장애가 됩니다. 미국 체조 국가대표팀 코치 크리스토퍼 소머는 《타이탄의 도구들》의 저자 팀 페리스와의 인터뷰에서 "세계 최고의 선수들도 강해지려고 죽어라 노력하는데, 왜 당신은 그렇지 않은가?"라고 물었습니다.

서래마을 해금서가에서의 북토크와 해금 연주, 그리고 각자의 한계를 넘어선 사람들의 이야기는, 삶의 폭풍우를 헤쳐나가는 힘이 어디에서 오는지 생각하게 합니다. 그렇게까지 노력하는 순간이 모여 인생을 더 깊고 단단하게 만듭니다.

생존을 위한 운동

○

　　　　　　　　40대 중반에 '작가'라는 새로운 커리어를 시작하기로 결정했을 때, 머릿속에는 '어떻게 하면 더 좋은 글을 쓸 수 있을까'라는 바람밖에 없었습니다. 일단 많이 쓰라는 조언이 많았습니다. 많이 쓰려면 시간을 확보해야 하는데, 어른의 도전은 학생 때와는 달리 챙겨야 할 일도 있고 책임져야 하는 사람도 있으니 시간이 절대적으로 부족했습니다. 자유롭게 사용할 수 있는 시간은 새벽뿐이었습니다.

　새벽 4시 30분에 일어나 글을 썼습니다. 그때부터 자정까지 거의 모든 시간을 앉아 있었습니다. 자기 전 책상에서 일어나 침대로 가려고 하면, 고관절이 몸 바깥쪽으로 15도쯤 꺾여 있어 꽃게처럼 어기적어기적 걸었습니다. '나이를 먹으면 원래

그렇지 뭐' 하고 외면했습니다.

명절 때, 가족들과 여행을 갔습니다. 잔디밭에서 발야구와 피구 대항전이 열렸습니다. 아이들과 신나게 뛰어놀면서 틀림없이 몸살이 나겠구나 하고 직감했습니다. 아니나 다를까, 그 다음 날 몸을 일으키지 못했습니다. 그 정도는 각오했던 일이었습니다. 그런데 그 몸살이 평소에 앓던 몸살과는 종류가 달랐습니다.

몸이 아픈 것은 아픈 건데, 허벅지가 시큰거렸습니다. 근육이 아니라 찌릿찌릿 시큰시큰한 통증이었습니다. 치통이 허벅지로 내려온 것 같았습니다. 추측으로는 운동을 하도 안 해서 헐거워진 근육이 허벅지에 있는 긴뼈를 잡을 힘이 사라졌고, 근육 대신 신경이 그 뼈를 잡으려고 애썼던 모양입니다.

운동이 부족한 모든 사람에게 일어날 수 있는 일입니다. 바로 다음 날 운동을 시작했습니다. 유튜브에서 5분짜리 요가 동영상을 찾아 시작한 날, 팔다리가 후들후들 떨려 너무 놀랐습니다. 이 정도로 약해졌나 싶어 서글펐습니다. 다행히 노력하면 실력은 나아집니다. 몇 개월 지나자 30~40분의 요가를 할 수 있었습니다.

어느 날 애플 워치에서 부르르 진동이 느껴졌습니다. 심박수가 분당 50회 아래라며 경고를 보내준 것입니다. 애플 워치를 차고 잔 날의 기록을 보니 심박수가 분당 50회가 채 되지 않았습니다. 이러다 심장이 멈출 수도 있겠구나 싶었습니다. 심폐를 강화하는 운동으로 달리기 또는 수영 중에 골라야 했습니다. 처음엔 수영을 시작했으나 몇 개월 지나 그만두었습니다. 달리기만큼은 시작하고 싶지 않았습니다. 부상의 위험성에 대해 너무 많은 이야기를 들었기 때문입니다.

왕벚나무의 응원을 들으며 시작한 달리기가 어느덧 6년째를 맞았습니다. 처음 달리기를 시작했을 때의 나이가 마흔일곱이었습니다. 딱 한 번 보도블록 위를 달리다 튀어나온 블록을 보지 못하고 발이 채여 넘어진 적이 있으나 다치지 않았고, 무리하지 않으려 애쓴 덕분인지 부상은 없었습니다.

하루 3킬로미터 정도는 가벼운 달리기입니다. 매일 달려야 한다는 집착으로 5킬로미터를 달릴 때는 무릎과 발목에 시큰거림이 느껴졌습니다. 그럴 땐 하루나 이틀 쉰 다음 다시 달리면 됩니다. 달리기는 기록을 위한 경기가 아니라 내 몸과 대화하는 시간입니다. 무리하지 않습니다.

달리기와 건강의 상관관계에 대해서는 서울대학교 의학박사이자 보라매병원 뇌 전문의인 정세희 교수의 블로그에 좋은 정보가 많습니다. 그녀는 뇌 질환이 있는 환자를 진료하면서 뇌 건강에 운동이 얼마나 중요한지를 알게 되었고, 건강을 잃은 다음 회복하는 것보다 예방하는 것이 훨씬 효율적이기 때문에 운동의 중요성을 설파하게 되었습니다.

그녀의 주장에 따르면 운동 중에서도 뇌 건강에 좋은 운동은 달리기입니다. 본인도 20년 넘게 달린 의사입니다. 이 블로그의 이야기는 《길 위의 뇌》라는 책으로 출간되었습니다.

'달리기는 무릎 연골에 나쁘다'라는 항간의 소문에 대해서는 인체 해부도가 그려진 해외 논문을 소개합니다. 이 논문은 4,486킬로미터를 달리는 울트라 마라톤에 참가한 선수들의 무릎 변화를 관찰한 결과를 기록했습니다. 결론을 말하면 달리기는 연골에 무리를 주지 않습니다. 오히려 달리기처럼 관절에 지속해서 자극을 주는 운동은 관절을 건강하게 만듭니다.

코로나 사태로 실내 생활이 길어지면서 비타민 D가 부족해 뼈의 건강에도 경고등이 켜졌습니다. 특히 폐경기 여성들에게 골다공증이 많이 생기며, 고관절 골반에 금이 가거나 부러지는 경우가 있습니다. 대퇴골 경부의 골밀도를 높이는 효율이 좋은 운동은 시속 5~6킬로미터의 속도로 걷거나 달리는 것입니다.

실외의 나무 아래를 걸으면 식물이 뿜어내는 산소, 피톤치드, 음이온을 마시며 햇볕을 쬘 수 있습니다. 햇빛을 맞으면 몸에서는 비타민 D를 만듭니다. 비타민 D는 뼈를 튼튼하게 해주며, 우울증을 완화하고, 불면증을 사라지게 돕습니다.

  6년째 꾸준히 달리기와 요가, 필라테스를 해서 건강을 유지했는데, 작년부터 왼쪽 다리가 시원치 않고 무언가가 흐르지 않는 느낌이 있어 병원을 찾았습니다. X선 촬영을 해보니 골반 전방 경사라고 합니다. 척추 각도가 잘못되어 있다고 했습니다. 왼쪽 다리 신경이 눌려 생기는 경우가 많다고 합니다.

  작년에 두 권의 책을 집필하며 글이 써지지 않아 애를 먹었던 일이 기억났습니다. 왼쪽 다리를 의자에 올리고 몸을 웅크려야 진도가 조금 나갔습니다. 이렇게 해서 좋은 글을 쓸 수 있다면 어떻게 되어도 괜찮다고 여겼습니다. 그게 얼마나 오만한 생각이었는지 이제 깨우쳤습니다.

  자세가 바르지 않으면 산소와 영양소가 온몸에 바르게 전달되지 않습니다. 순환 속도가 느려진 몸은 탈이 납니다. 흐르지 않는 물은 썩기 때문입니다. 지금은 두 시간마다 한 번씩 일어나 체조하고, 순환 속도가 느려진 느낌이 들면 달리기를 해서 심박을 올린 다음 다시 앉아 글을 씁니다. 달리기는 내 몸을 흐르게 하는 시간입니다.

  70년 역사의 일본 잡지 《생활의 수첩》 편집장을 지냈고 일본 셀렉트 서점의 시초인 카우북스를 만든 작가 마쓰우라 야타로는 《삶이 버거운 당신에게 달리기를 권합니다》라는 책을 썼습니다. 그는 동일본 대지진을 겪으며 적어도 10킬로미터 정도는 달릴 수 있는 체력이 필요하다는 것을 깨닫고 달리기를 시작했습니다. 달리는 것은 생존에도 필수적입니다.

커리어와 육아,
두 마리 토끼

후배들이 저에게 많이 하는 질문 중 하나는 커리어를 지키면서 임신, 출산, 육아를 하는 방법입니다. 그러나 상황과 환경이 다 달라서 일반화하긴 어렵고 답도 없습니다. 저의 경우도 단지 하나의 사례입니다.

늘 시간에 쫓기는 커리어 측면에서 보았을 때 임신, 출산, 육아는 부담스럽게 느낄 수 있습니다. 그러나 미리 걱정할 필요는 없습니다. 우리도 아이와 함께 자라기 때문입니다. 아이를 낳고 키우는 것은 세상 그 어떤 일에서도 만날 수 없는 진한 감정을 맛볼 수 있게 해주는 것이 분명합니다.

저는 결혼하고 7년째인 서른넷에 아이를 낳았습니다. 임신했을 때는 무조건 편안하게 보내려고 애썼습니다. 좋은 것, 예쁜 것, 행복한 것만 보았습니다. 엄마가 편안할 때 생기는 옥시토신, 세로토닌이 이 아이에게도 영향을 미치기 때문입니다. 임신했을 때 날카롭고 불편하게 보내면, 코르티솔이 많은 상태가 되어 아이에게 영향을 미칠 수 있습니다. 외부 상황은 내가 어떻게 할 수 없으므로 마인드 컨트롤을 했습니다.

출산 방식은 자연 분만을 선택했습니다. 친구가 아이를 낳아서 축하하러 갔는데, 초산임에도 불구하고 2시간 만에 순산한 경우가 있었습니다. 너무 신통해서 비결이 뭐냐 물었더니 산전 기체조를 배웠다고 했습니다. 그 얘기를 기억해 두었다가 기체조 CD를 구입해 아침저녁으로 따라 했습니다.

밤 11시 30분까지 야근하다가 양수가 터져 그대로 응급실에 갔고, 35주 0일 되던 날 유도분만으로 출산했습니다. 기체조를 열심히 따라 한 덕분인지 2시간 30분 만에 아이를 만났고 바로 걸어 다닐 수 있었습니다.

산후조리원을 알아보지는 않았습니다. 자유의지에 따라 쉬고 싶을 때 쉬고, 자고 싶을 때 자는 조용한 시간을 보내고 싶었습니다. 한 달 동안 산후 도우미의 손을 빌려 집에서 고요하게 보냈습니다. 운이 좋게도 전문가 중의 전문가인 도우미를 만나 편안한 시간을 보냈고, 아이도 무탈하게 잘 자랐습니다. 산전 기체조를 열심히 했던 것처럼 산후 기체조도 거르지 않았습니다.

일하는 엄마의 최대 고민은 아기를 누가 키울 것인가입니다. 저의 경우는 시어머니께서 키워주신다고 약속하셨습니다. 3년 동안 시어머니와 짝이 되어 아들을 함께 키웠습니다. 조부모는 손주에게 그야말로 아낌없는 사랑을 베풉니다. 할머니 할아버지의 쏟아지는 사랑은 아이의 정서에 이롭습니다. 부모, 조부모 세대를 폭넓게 흡수하고 마음밭이 풍부해지는 토대가 됩니다.

일하는 엄마들은 아이와 함께 보내는 시간이 적기 때문에 마음 한구석에는 늘 미안한 마음이 있습니다. 완벽한 엄마가 되고 싶어 안간힘을 쓸 때, 아들이 이런 말을 해주었습니다. "엄마, 엄마는 최고야." 뭐라 대답해야 할지 몰라 당황했습니다.

"어, 고마워. 더 좋은 엄마가 되도록 노력할게" 했더니 아들이 제 눈을 똑바로 보고 말했습니다. "아니, 엄마. 노력할 필요가 없어. 엄마는 지금도 충분히 좋은 엄마야." 발음도 정확하지 않은 작은 어린아이가 해준 말에 마음이 스르르 녹았습니다.

안간힘을 써보아도 인간은 어차피 미성숙하고 불완전한 존재라 완벽해질 수 없습니다. 아이와 서로 머리를 맞대고 함께 의사결정을 하며 나아가면 됩니다. 아이도 그 과정을 통해 세상을 배워나갑니다.

저는 유아교육을 전공했기 때문에 배운 대로 하려고 힘을 기울였습니다. 유아교육의 목표는 지성, 감성, 신체, 인격 등 인간의 모든 측면이 조화롭게 성장하도록 돕는 전인교육입니다. 교육 철학이 일치하는 일반 유치원을 찾아 4세부터 7세까지 3년 반을 다녔습니다.

아이가 다니던 유치원에는 앞마당이 있었습니다. 유치원이 끝나고도 아들은 항상 놀이터에서 더 놀고 싶다며 졸랐습니다. 저녁도 먹이고, 씻기고, 재우고, 업무 중 못다 한 일을 마무리하려면 마음이 바빴지만, 허리춤에서 올려다보는 아들의 눈동자에 흔들리곤 했습니다. "그럼 다섯 시까지만 놀자." 그렇게 약속하고 놀이터를 휘젓고 다니는 아들을 지켜보면 한 아이, 두 아이가 아들에게 합류했습니다.

벤치에 앉아 노는 아들을 기다릴 때, 꽃잎이 바람을 타고 하늘을 너풀너풀 날아다녔습니다. 아들은 지치지도 않고 놀았습니다. 아이들에게 놀이는 자양분입니다. 원할 때까지 실컷 노는 경험은 하고 싶은 게 있을 때 밀어붙이는 힘이 됩니다. 친구들과 함께 노는 동안 다투기도 합니다. 원하는 대로 되지 않는 불편함도 겪습니다. 자연스럽게 작은 좌절을 겪고 이견을 조율하며 함께 해결하는 힘이 길러집니다.

아이들은 모랫바닥에 앉아 모래성을 쌓고 두더지 집을 만들다가, 그네를 타고, 미끄럼틀에 올라가 누워 내려왔습니다. 신나게 노는 사이 아이들 머리는 땀으로 흠뻑 젖고, 얼굴엔 땟국물이 흘렀습니다. 옷과 몸은 먼지투성이였지만, 한바탕 놀고 난 다음의 얼굴은 개운했습니다.

아이들이 무엇인가 하고 싶어 하는 마음, 궁금해하는 마음은 호기심입니다. 호기심의 불씨를 잘 보존하고 있어야 삶을 활기차게 살아갈 수 있습니다.

유아교육 전문가들은 아이들을 심심하게 두라고 조언합니다. 심심할 때, 이것도 해볼까, 저것도 해볼까 하고 자발적 동기를 갖게 되기 때문입니다. 그 말씀을 따라 우리 집은 조금 심심했습니다. 텔레비전도, 게임기도, 아무것도 없었습니다. 유치원에서 돌아온 아이는 장난감을 가지고 놀다가, 그림책을 펴서 한참 보다가, 음악도 듣고, 스케치북을 펴서 그림도 그리며 시간을 보냈습니다.

글씨를 알게 되었을 땐 만화로 그려진 《그리스 로마 신화》에 빠져 책장이 너덜너덜해질 때까지 보았습니다. 그리고 《마법천자문》에 푹 빠졌습니다. 만화책도 자주 보면 책이라는 물성과 친해집니다. '책'이 공부의 카테고리가 아니라 놀이의 카테고리에 위치하게 됩니다.

책과 친해지면 자연스럽게 독서가 일상에 스며듭니다. 책과 장난감을 스스로 골라 놀 수 있도록 책장을 눕혀 아이 눈높이에 맞도록 배치해 주었습니다. 조금 더 자라서는 《과학동아》를 정기구독해 달라고 해서 해주었습니다. 초등학교 때는 방과 후 돌봄교실과 태권도, 수영으로 오후 시간을 보냈습니다.

다른 사람들은 전력 질주 하는데 우리는 가만히 서 있는 것처럼 조바심이 나는 것도 당연합니다. 그러나 내 아이를 잘 아는 것도 부모입니다. 오직 부모만이 내 아이에게 맞는 걸 찾고 아이가 스스로 꽃 피울 수 있도록 기다려줄 수 있습니다.

제가 어릴 때 듣고 싶었던 말은 "재경아, 너는 잘할 거야. 엄마, 아빠는 그렇게 믿어"라는 말이었습니다. 아들에게 틈나는 대로 그렇게 말해주었습니다. 지금도 "서로 사랑하며 건강하고 행복하게 오래오래 살자"라고 앵무새처럼 말합니다.

커리어와 육아, 완벽한 해답은 없지만, 아이와 함께 성장하며 나만의 길을 찾아가는 과정 자체가 소중합니다. 일과 육아, 둘 중 하나를 고르는 것이 아니라, 두 세계를 오가며 나와 아이 모두의 삶이 풍요로워질 수 있다는 믿음을 잃지 않으셨으면 합니다. 오늘도 아이와 함께, 나의 커리어와 함께, 나만의 속도로 천천히, 그러나 단단하게 걸어가시길 응원합니다.

어른의
사춘기

○

 사춘기를 질풍노도의 시기라고 말합니다. 품 안에서 나를 보고 웃어만 주던 부모 바라기 아이가 사라지고, 비바람이 몰아치는 바다처럼 한 치 앞을 예측할 수 없고 대화가 통하지 않는 낯선 아이가 나타납니다. 보편적으로 중학교 2학년 때 최고조에 달합니다. 어른의 사춘기는 청소년기의 사춘기에 비해 덜 알려졌지만, 누구나 다 앓고 파고와 격랑 역시 중2에 못지않습니다.

 젊은 날엔 마음속의 문제를 외면하고 억누를 힘이 있습니다. 학업, 취업, 결혼 같은 인생의 대소사를 처리하느라 바빠 마음의 소리에 기울일 틈도 없습니다. 어느 순간 몸의 기운이 약해지듯 마음도 느슨해지는데, 그때가 되면 판도라의 상자가 열린 것처럼 마음속 문제들이 한꺼번에 튕겨 나옵니다.

평균 수명이 길어진 것도 하나의 원인입니다. 중세 유럽의 평균 수명은 30세였고, 1900년대에도 50세에 불과했다는 기록이 있습니다. 한국의 경우도 1960년대 평균 수명이 54세였으며, 50년 전인 1970년대에는 남자 58.7세, 여자 65.8세로 평균 62.3세였습니다. 현재 한국의 기대 수명은 83.5세로 20년이 늘었습니다. 길어진 인생의 후반부와 달리, 본능은 우리의 40~50대를 이미 사후로 기억하고 있는지도 모릅니다.

내 마음을 내가 도저히 어떻게 하지 못하겠다는 위기의식을 갖고 전문가를 찾습니다. 몸에 병이 생겼을 때처럼 병원에서 진료를 받고 약을 받아 복용합니다. 약을 먹고 쉬면 증세는 좋아집니다. 그러나 원인을 제거하지 않는 한 증상은 되풀이됩니다. 문제가 생기는 원인은 생활 습관에서 오는 경우가 많기 때문입니다.

마음의 문제도 같습니다. 마음의 문제는 부모로부터 오고, 부모의 문제는 또 그 부모로부터 옵니다. 끝나지 않는 뫼비우스의 띠와 같습니다. 평생 그 문제를 안고 살아가는 것이 삶의 페이소스입니다.

어른의 사춘기 역시 중2 때와 다르지 않습니다. 어떤 남자 어른을 지켜본 여자 어른은 저러다 큰일 나는 게 아닌가 싶을 정도로 위태위태했다고 말했습니다. 산티아고 순례길을 걷는 중년이 많은 것은 마음을 다스리는 나만의 방법을 찾기 위함입니다.

직장 생활을 하며 열 권이 넘는 책을 쓴 작가이자 코치를 만났습니다. 정신을 벼리고 시간을 모아 쓴 부지런함에 존경심이 일었습니다. 시원한 물줄기가 물레방아를 타고 내려오는 멋진 정원을 앞에 두고 커피를 한잔하며 이야기를 나누었습니다. 그는 그동안 전력투구하며 살았는데 자기가 무엇을 좋아하는지 잘 모르겠다고 했습니다.

시간이 지나고 경력이 많아진다고 해서 내가 무엇을 좋아하는지, 내가 어떤 사람인지 알게 되는 것은 아닙니다. 나를 알아가기 위해서도 공부하듯 시간과 에너지를 써야 합니다. 성숙한 인간이 되기 위해 반드시 거쳐야 하는 과정입니다.

저의 경우는 《아티스트 웨이》라는 책을 만났고, 그 책이 제 인생을 변화시켰습니다. '나를 위한 12주간의 창조성 워크숍'이라는 부제의 책 속 과제를 따라가는 동안 뭔가 달라짐을 느꼈습니다. 스스로 프로그램을 해나가면서 제 마음속 자라지 못한 어린아이를 만났습니다. 나의 감정을 읽고 표현하는 데 너무나 서툰 저 자신에게 안쓰러움을 느꼈습니다.

충격적이었던 깨달음은, 누구보다 열심히 살고 있으니 잘 살고 있다고 여겼던 내 삶이 사실은 주도권을 상실한 채 다른 사람의 뜻대로 끌려가고 있었다는 점입니다. 다른 사람이란, 내가 아닌 다른 이라는 의미입니다. 사회나 가족일 수도 있습니다. 12주 과정을 두 번 되풀이했을 때 마음속 돌덩이를 내려놓은 듯 가벼워졌습니다.

창조성 워크숍을 진행하면서 창조성을 깨우는 것은 예술가뿐 아니라 모든 이에게 필요하다는 것을 알게 되었습니다. 모든 조건이 완벽하게 준비된 순간은 절대 오지 않습니다. 그래서 창조성이 필요합니다. 창조성이 깨어난 사람에게는 어떤 상황에서도 자신이 원하는 것을 하기 위한 방법을 찾아 실행하는 힘이 생기기 때문입니다.

해소되지 못한 과거의 일은 마음속에 박힌 돌부리와 같습니다. 인도 철학에서는 이를 '삼스카라'라고 부릅니다. 시냇물 가운데 박힌 바위처럼 마음의 흐름을 막아 생산성이 낮아집니다. 이 돌을 제거하면 유속이 빨라지고 흐름이 좋아집니다. 과거의 상처는 나도 모르게 나를 경직 상태로 몰아가 몸과 마음에 힘이 잔뜩 들어갑니다. 마음속 삼스카라를 제거하기 위해서는 이완이 필요합니다.

창조성을 깨우는 과정은 바로 이완입니다. 창조성이라는 것은 조개의 촉수와 같아 안전하다고 느낄 때만 손을 내밉니다. 한번 내민 창조성이 '이게 아니다'라고 느끼면 안으로 숨어버리고, 다시 손길을 뻗는 데에는 더 많은 시간이 필요합니다. 이 워크숍의 필요성을 느껴 12주간의 라이프 리디자인Life Redesign 프로그램을 만들었습니다.

먼저 봉인해 둔 과거를 열어 어떤 일이 있었는지를 바라봅니다. 불편하고 낯선 경험이지만 어른이 된 우리는 할 수 있습니다. 주삿바늘을 보지 못하던 어린이였지만 이제는 똑바로 바라볼 힘이 있습니다. 꽁꽁 싸맨 상처를 풀어 약을 바르고 바람을 쐽니다. 에너지 소모가 크지만 '아, 그래서 그랬구나!' 하며 과거를 이해합니다. 자연스럽게 자기를 수용하게 됩니다.

그다음 과정으로는 현재를 분석합니다. 지금의 내 모습을 한 걸음 떨어져 관찰하며 목적에 맞는 일을 하고 있는지, 방향은 잘 가고 있는지 뜯어봅니다. 내면의 상처를 치유하고 나를 더 사랑하게 되는 자기 객관화의 과정입니다.

과거와 현재를 읽은 나는 자기를 긍정하는 변화가 일어납니다. 나만의 속도로 나아가며 지속할 수 있는 자기 성장을 찾고, 삶의 균형을 회복할 수 있습니다. 그리고 미래를 그립니다. 프로그램 참여자들은 심리 상담과는 다르게 뭔가 꿈틀꿈틀하는 마음의 에너지를 느낄 수 있었다고 말합니다.

우린 나를 크게 바라봐 줄 거울이 필요합니다. 내가 발견하지 못한 나의 잠재력을 눈여겨보고 꺼내줄 사람이 있을 때, 그 믿음을 지지대 삼아 자랄 수 있습니다. 라이프 코치가 그 역할을 합니다. 모든 프로 선수들은 코치가 있습니다. 우리에게도 코치가 필요합니다. 나에게 맞는 코치를 찾아 삶 전반을 바라보고 다시 설계해 보세요. 어른의 사춘기가 인생 후반기를 결정합니다.

강점을 찾아 그냥 계속하기

○

카페를 정리했습니다. 100평 사무실로 옮겼던 짐들도 다시 정리해 오피스텔 사무실 창고처럼 집기를 오밀조밀하게 쌓아두었습니다. 100평 규모로 복작복작하게 운영하던 비즈니스가 20평대로 줄어드니 에너지가 많이 남았습니다.

그때 성남아트센터에서 일하던 친구들을 찾았습니다. 마침 사무실을 쉐어할 사람을 찾는다고 해서 제가 손을 들었습니다. 공예가들과 어울리며 노는 듯 일했습니다. 주말에는 갤러리 앞에서 벼룩시장을 열었습니다.

공예가들은 작품과 함께 사용하지 않는 가방, 옷, 살림살이를, 저는 미처 정리하지 못한 컵, 트레이, 스푼, 포크 같은 카페

물품을 준비했습니다. 덕분에 아직 사용할 수 있는 물품이 주인을 만나 새 쓰임을 찾았습니다.

그때 협동조합법이 발효되었고 정부 지원 사업이 있었습니다. 친구들에게 기왕 할 일인데 조합을 만들어 해보자고 제의했습니다. 친구들도 찬성했고, 조합과 구성원들의 홍보 마케팅을 위한 사업계획을 수립해 공모에 선정되었습니다. 벼룩시장과 박람회에 나갈 수 있는 재원을 마련했습니다.

아트센터의 협조를 얻어 긴 복도에서 매달 벼룩시장을 열었습니다. 조합원과 함께 서울디자인페스티벌, 공예트렌드페어 같은 박람회에도 참가해 좋은 점수를 얻었습니다.

박람회의 메인 부스 디자인을 맡아 잘 마치고 돌아왔던 날, 아무도 없는 집 안에서 속이 빈 것 같은 공허함을 느꼈습니다. 나와 단둘이 있는 그 상황이 낯설어 꽁지에 불이 붙은 생쥐처럼 이 방 저 방을 왔다 갔다 했습니다. 그 느낌이 너무나 생경했습니다. 마흔 즈음이었습니다. '이젠 뭘 해야 하지?'라는 생각이 들며 혼란스러웠습니다. 그즈음 우리 브랜드를 이름만 빼고 모두 복제한 회사가 나타났습니다.

이 일이 정말 내가 하고 싶었던 일일까, 내 인생의 마지막은 어떤 모습이면 좋을까, 고민이 시작되었습니다. 2006년 생활용품 브랜드 '더리빙팩토리'의 대표로서 진행했던 《여성조선》

과의 인터뷰에서 저는 IKEA 같은 회사를 만들고 싶다는 포부를 밝혔습니다. 그로부터 10년이 다 되어가는 시점이었는데 회사의 규모가 비슷한 것을 보면 자질 부족을 인정할 수밖에 없었습니다.

나이를 먹을수록 성장할 수 있는 일이 무엇이 있는지 고민했습니다. 예술가에게서 80세가 넘어서도 성장하는 모습을 찾을 수 있었습니다. 책과 사람들의 이야기를 좋아해 작가를 꿈꾸었던 어린 재경이가 속닥속닥 말을 걸어왔습니다. 그 이야기를 들어주고 싶었습니다. 너무 늦은 건 아닐까, 내게 그런 능력이 있을까, 의심했습니다. 해보지 않고는 그 무엇도 확실하게 말할 순 없습니다.

그때 작가 박완서 선생의 이야기를 찾았습니다. 1970년 《여성동아》 장편소설 공모전을 통해 《나목》으로 데뷔했을 때 작가의 나이는 마흔이었습니다. 박완서 선생은 80세까지 쉼 없는 작품 활동으로 많은 사람의 마음을 달랬습니다. 누적 판매량을 1천만 부 이상으로 추정합니다. 20세기에 마흔이라면 21세기에는 마흔다섯 정도로 여겨도 되지 않을까 싶었습니다. 해마다 한 권 이상의 책을 써보자고 마음먹었습니다.

인생의 롤 모델을 찾으면, 내가 가고 싶은 곳이 어디인지를 가늠할 수 있습니다. 모두 다 캘리포니아 언덕 위 저택을 꿈꾸거나 슈퍼 카를 몰고 싶어 하는 것은 아닙니다. 제 친구의 꿈은 돌고래 조련사였습니다. 세상엔 기업가도, 성직자도, 작가도, 선생님도 있습니다. 자기 본연의 모습으로 빛나야 할 한 사람 한 사람이 세상이 정한 한 곳만 바라보고 있기 때문에 나답게 살지 못하는 모습이 지금 우리의 모습입니다.

마음이 향하는 곳을 바라봐야 합니다. 작가가 되기로 마음먹고 8년이 지난 지금, 저는 일곱 권의 책을 썼습니다. 여섯 번째 책 《있는 힘껏 산다》는 한국출판문화산업진흥원이 주관하는 2024년 문학나눔 도서 보급 사업에 추천 도서로 선정되었으며, CGV와 샘터사의 도움으로 책 속 문장이 서울시 주요 지역의 전광판과 지하철 2호선에 소개되기도 했습니다.

장기적인 목표를 정한 다음 단기 목표를 세워야 합니다. 단기 목표는 언제나 장기 목표를 향하고 있어야 합니다. 장기적인 목표 없이 단기 목표만 정하면 길을 잃기 쉽습니다. 장기 목표가 없다면 모래성처럼 파도가 밀려올 때마다 조금씩 쓸려나가 흔적도 없이 사라집니다.

내가 꿈꾸는 나의 미래와 현재의 내 모습은 언제나 큰 간극이 있습니다. 당장 하던 일들을 그만두고 그 꿈을 향해 전속력으로 달리는 것도 멋진 일이지만, 안타깝게도 그것은 학생 때에만 가능합니다. 어른의 삶에는 책임과 의무가 있기 때문입니다.

모든 어른의 삶이 그렇습니다. 늘 해야 하는 일들과 하고 싶은 일들 사이의 시소 타기입니다. 꿈을 이루는 데에 성공해도 다르지 않습니다. 우리 사회에서 존경받는 인사의 스케줄을 보면 평범한 우리 스케줄과 비교해 더 바쁘면 바빴지 여유롭지 않습니다.

어떤 일에 탁월한 성과를 보인다는 것은 많은 정보를 처리할 수 있다는 뜻입니다. 두 돌 된 아이를 업고 파리의 라이프 스타일 전시회 메종 오브제에 갔을 때, 창밖으로 걸어가던 한 여성을 보았습니다.

키가 큰 금발 머리 여성이 아기띠에 아이 한 명을 안고, 등에 멘 알루미늄 아기띠에 한 명을 더 업었습니다. 한쪽 팔로는 바게트가 꽂힌 커다란 종이봉투를 안고, 다른 쪽 손으로는 유치원에 다닐까 싶은 아이의 손을 잡고 걷고 있었습니다.

저는 아기 한 명을 업고도 힘에 부치는데, 그 여성은 비슷한 또래의 아이 둘을 업고 메고, 장도 보고, 다른 아이를 케어했습니다. 네 사람 몫을 하면서도 여유가 있었습니다. 제가 처리할 수 있는 업무량이 15킬로그램이라면, 그 여성은 100킬로그램이었습니다. 그때 생산성의 차이를 극명하게 느꼈습니다.

강점을 찾아 장기적 목표를 갖고 나아가는 자세는 정영선 대표의 삶에서도 영감을 얻을 수 있습니다. 조경설계 서안의 정영선 대표는 한국 1세대 조경가이자 국내 최초 여성 국토개발기술사로, 50여 년간 한국 조경의 역사를 이끌어온 인물입니다. 2023년에 여든이 넘은 나이로 조경계의 노벨상이라 불리는 제프리 젤리코 상을 수상했습니다.

2024년 서울 국립현대미술관에서 '정영선: 이 땅에 숨 쉬는 모든 것을 위하여'라는 제목으로 전시를 개최했습니다. 이 전시는 50년간의 아카이브를 열어 설계도면, 모형 등 500여 점의 기록 자료로 정영선 대표의 삶과 작품을 재조명했습니다. 이 전시에서 정영선 대표는 여든이 넘은 나이에도 불구하고 학예사들과 함께 밤새 디스플레이를 했습니다. 개회식에서도 과거형이 아니라 현재진행형인 현역으로 불리길 원했습니다.

그렇게 매진한 덕분인지 이 전시는 2024년 세계 3대 디자인상 중 하나인 독일 '레드닷 디자인 어워드 2024' 브랜드 커뮤니케이션 부문에서 최고상 'Best of the Best'를 수상했습니다. 국내 미술관·박물관 전시 디자인이 레드닷 디자인 어워드에서 최고상을 받은 첫 사례입니다.

2025년에는 베네치아 비엔날레 국제건축전 기간에 베네치아 산마르코 아트센터에서 '이 땅에 숨 쉬는 모든 것을 위하여: 정영선과 협업자들'이라는 제목으로 전시가 진행되었습니다.

이 현장에도 정영선 대표가 직접 간 것은 물론입니다.

나의 인생을 어디에 쓸 것인가.

대한민국 패션 디자이너 1세대인 진태옥 선생은 1934년생으로 아흔이 넘은 현역입니다. 아름다운 봄날에 만난 선생은 그날 전시를 세 개 보았다고 했습니다. 식사 자리에서 일을 그만둔 후배 얘기가 나오자 "왜 그만두는 거야? 그냥 계속하면 안 돼?"라고 여러 번 되물었습니다. 강점을 찾아 그냥 계속하는 것, 그게 커리어입니다.

부자가 되면
일하지 않을까?

○

많은 사람이 '경제적 자유' 혹은 '조기 은퇴'를 말합니다. 파이어FIRE: Financial Independence, Retire Early족이라는 신조어가 등장하면서, 30~40대에 극단적인 절약과 투자로 조기 은퇴를 꿈꾸는 사람들이 늘고 있습니다. 하지만 과연 경제적 자유를 이룬 사람들이 일을 완전히 그만두고 걱정 없는 인생을 살고 있을까요?

보세 창고에서 '더리빙팩토리'의 상품을 포장하는 중이었습니다. 재생 크라프트지로 만든 박스를 접고, 스푼과 포크를 넣고, 일러스트가 그려진 바코드 스티커를 붙였습니다. 패키지는 브랜드의 첫인상이기 때문에 마지막 매무새를 점검하는 중요한 일입니다. 포장하며 상대와 도란도란 나누는 이야기는 이 일의 또 다른 재미입니다.

그의 아버지는 50대에 은퇴하셨다고 합니다. 요즘 사람들이 꿈꾸는 경제적 자유를 이미 이룬 파이어족이었습니다. 광역시 구도심에 건물을 보유하고 건물의 임대 수입으로 생활비를 해결한다고 말했습니다. 일찍 은퇴를 하고 무언가 배우러 다니며 시간을 보내신다고 했습니다. 걱정이 없겠다고 말했더니 속사정은 그렇지 않다고 합니다.

은퇴 당시에는 이 정도 금액이면 평생 먹고사는 데 문제가 없을 거라 예측했는데, 세월이 흐르며 상권이 변했습니다. 임대료가 들어오지 않을 경우의 리스크를 예상하지 못했습니다. 최근 몇 년간 코로나19, 경기 침체, 소비 트렌드 변화 등으로 인해 많은 상가와 건물의 임대료가 하락하거나 공실이 늘었습니다.

마침 그 지역에 강의가 있어 내려갔습니다. 도심에 있는 다이소에 들렀는데 건물 곳곳에 빨간 글씨로 '임대 문의'라고 쓰인 현수막이 붙어 있었습니다. 그의 아버지는 일찍 은퇴한 것을 후회하고 있다고 합니다.

신촌 상권 한복판에 빌딩을 보유했던 임대인은 코로나 때 임차인들이 임대료를 감당하지 못해 경제적으로 큰 타격을 입었습니다. 광역시에 비즈니스호텔을 운영하던 대표는 코로나 이후 호텔을 요양병원으로 용도 변경해 위기를 넘기는가 했는데 고정비가 증가하여 어려움을 겪었습니다. 우리나라 1,000대 기업에 들어가던 회사의 소유주였던 대표는 사업이 엉키기 시작하며 부도를 맞았습니다.

경제 위기 때 미분양된 아파트 여러 채에 투자하는 방법으로 큰 부를 이룬 어떤 사람은 경제적으로는 아무런 걱정이 없으나, 회사를 그만두니 집에 있는 것도 눈치가 보여 공유 오피스로 출퇴근한다고 말했습니다. 온종일 한마디도 안 하는 생활이 너무 외롭다며 속마음을 토로했습니다.

삶은 '경제'라는 한 가지 잣대로 정의할 수 없습니다. 인간은 인생의 의미, 사회 속에서의 관계, 지위, 성장 등 다양한 요소와 작용하는 복잡한 존재이기 때문입니다. 경제적 자유를 이뤘다고 해서 모든 걱정이 사라지지 않습니다. 오히려 세상의 변화에 따라 새로운 리스크가 생기고, 이를 관리하지 못하면 오랜 시간 쌓아온 자산도 쉽게 무너질 수 있습니다. 특히 부동산, 임대업, 사업 등은 외부 환경 변화에 민감해서 끊임없는 관리와 대응이 필요합니다.

세상은 끊임없이 움직입니다. 한 가지 소득에만 의존하면 위기에 취약해질 수밖에 없습니다. 재테크 분야의 스테디셀러 《부자 아빠 가난한 아빠》의 저자 로버트 기요사키는 이미 20세기 말부터 한 가지 직업에만 머무르지 말고 다양한 소득원을 확보하라고 조언했습니다. 그는 소득원을 크게 근로 소득(직장에서 버는 월급), 투자 소득(주식, 채권, 부동산 등 자산에서 발생하는 이익), 사업 소득(자영업, 창업 등에서 발생하는 수익), 수동적 소득(임대료, 저작권료 등)으로 구분하고, 특히 일하지 않아도 꾸준히 돈이 들어오는 수동적 소득을 강조했습니다.

다양한 소득을 가지려면 각 분야의 전문성이 필요합니다. 근로 소득만 해도 직무와 산업에 따라 요구되는 기량이 다르고, 투자 소득은 금융 지식과 리스크 관리 능력이 필요합니다. 사업 소득은 창업가적 마인드와 경영 능력이, 임대 소득은 부동산 시장에 대한 이해와 관리 능력이 필수적입니다. '돈을 버는 방법'도 다양해졌습니다. 최근에는 코인, 크리에이터 등 새로운 소득원이 등장하며 새로운 주제에 대한 배움과 적응이 더욱 중요해졌습니다.

그렇다면 대단히 돈이 많은 부자는 일하지 않을까요? 많은 부자가 경제적 자유를 이룬 후에도 계속해서 일하거나, 새로운 사업에 도전하거나, 사회적 기여 활동에 참여합니다. 1930년생인 워런 버핏은 2025년 95세까지 버크셔 해서웨이의 CEO로 일했습니다. 그는 세계 10위 안에 드는 부자입니다. '돈'이 목적이라면 벌써 그만두어도 되었을 것입니다. 그는 은퇴하지 않고 평생 투자와 경영에 헌신하며 거의 생애주기 끝자락이 임박했을 때 내려놓았습니다. 일 자체에서 얻는 의미와 성취감, 그리고 세상을 변화시키는 영향력이 계속 일하게 했을 것입니다.

갑자기 큰돈을 벌어 퇴사하거나 조기 은퇴를 한 사람 중에는 다시 일터로 돌아가는 경우도 많습니다. 삶을 지지하는 구조와 목적이 사라져 오히려 불행해졌다고 인식하기 때문입니다. 일은 사회적 정체성을 표현하고 자아를 실현하는 중요한 도구입니다.

코인 등 금융 소득으로 앞으로 몇 대는 돈 걱정을 하지 않고 살아도 된다고 말하는 투자자가 있었습니다. 그는 F&B 비즈니스를 시작했습니다. 돈이 눈으로 보이지 않고 온라인에 숫자로만 존재하는 것이 허상처럼 느껴졌다고 합니다.

세상의 변화에 유연하게 대응할 수 있도록 여러 페르소나를 갖추고 있으면, 위기에 대응할 가능성이 커집니다. 부자든, 경제적 자유를 이룬 사람이든 계속해서 자기를 계발하고, 다양한 소득원을 확보하며, 리스크를 분산하는 노력이 필요합니다.

돈이 아주 많은 부자도 일을 그만두지 않고 계속 무엇인가를 하며 의미를 찾습니다. 경제적 자유를 누린다는 것은 일하지 않고 노는 게 아니라, 변화하는 세상 속에서 자신만의 방식으로 성장하고 의미 있는 삶을 살아가는 과정입니다. 오히려 경제적 자유란 하기 싫은 일 대신 하고 싶은 일을 할 자유에 가깝습니다.

흥망성쇠는 되풀이됩니다. 리스크 매니지먼트 차원에서, 그리고 자기실현을 위해서 우리는 오늘도 무언가를 배우고, 도전하며, 일하는 삶을 선호합니다. 부자가 되면 일하지 않을까? 맞기도 하고, 틀리기도 합니다. 스스로 선택한 길을 따라 살아가는 것입니다.

4장
커리어

숲 키우기

나이가 아니라
실력

　　　　　　우리 사회는 나이에 대한 감수성이 유독 높습니다. 놀이터에서 처음 만난 아이들도 "몇 살이야?"라고 묻고 곧바로 형, 언니, 동생 순서를 정합니다. 이름 대신 호칭으로 서열을 나누고, 나이가 어린 쪽에게 자연스럽게 '야'라고 부르며 놉니다. 조선 시대 '장유유서'의 영향을 받은 나이 중심의 문화가 일상 깊숙이 뿌리내려 있습니다.

　한국에서 '나이'는 생애 전반에 걸쳐 중요한 기준이 됩니다. 스무 살이 되면 대학에 들어가야 하고, 졸업하면 취업, 그다음엔 결혼, 또 그다음엔 아이를 낳아야 한다는 '적령기'의 과제가 이어집니다. 해야 할 일들이 끝없이 이어지는 마라톤 같습니다.

　20~30대와 대화를 나눠보면 "제발 나이 얘기 좀 안 했으면

좋겠어요"라는 말을 자주 합니다. 그 이유를 물으면, 몇 살이면 무엇을 해야 한다는 사회적 불문율이 주는 부담감 때문입니다. 우리는 동년배를 준거 집단 삼아 경쟁하듯 살아왔습니다.

한국은 세계적으로 유례가 없는 경제 성장을 이뤘습니다. 1950년부터 1953년까지 3년간의 전쟁으로 산업시설이 거의 폐허가 된 상태에서, 자본과 자원이 거의 없는 여건에서 이뤄낸 경제 성장을 세계는 '한강의 기적'이라고 부릅니다.

1953년 1인당 국민총소득이 67달러였고, 현재는 4만 달러를 바라봅니다. 말하자면 우리나라는 경제 성장으로 세계 1등을 한 것입니다. '나이'라는 기준을 만들어두고 힘차게 달리는 것은 실력 향상과 성과 창출이라는 긍정적인 측면도 있었습니다. 하지만 높은 스트레스 지수와 사회적 갈등으로 이어지는 부작용도 발생했습니다.

'나이에 상관없이 산다는 것'은 사회가 충분히 성숙하고 개인의 실력과 자유를 존중할 때 가능한 삶의 태도입니다. 유튜브 채널 '조승연의 탐구생활'을 운영하는 조승연 작가는 뉴욕 유학 시절 펜싱을 배웠습니다. 20대부터 50대까지 다양한 배경을 가진 사람들과 함께했는데, 사람들이 무슨 일을 하는지, 부자인지 아닌지와는 상관없이 오직 펜싱에 대한 실력과 지식에만 주목했다고 합니다.

조승연 작가는 이후 클래식 음악을 배울 때도 나이와 상관없이 누구나 동등하게 자신의 역량을 펼칠 수 있는 분위기를 느꼈습니다. 뉴욕에는 다양한 연령과 배경을 가진 이민자들이 모여 오직 실력을 중요시하는 분위기가 있습니다. 그래서 사회적 통념에 구애받지 않고 자유롭게 누구나 자신의 날개를 펼칠 수 있습니다.

우리 사회도 선진국에 접어들며 '나이'가 중요하지 않다는 공감대가 조금씩 확산되고 있습니다. 시민대학 강의에서 70대 후반의 할머니를 만났습니다. 그녀는 친구와 관심사가 달라 너무 할 얘기가 없다면서, 뭔가 배우는 걸 좋아한다고 말했습니다. 나이 든 사람이 눈치 없이 이런 데 와서 미안하다는 그녀의 말에 30~40대 수강생들은 그런 말 하지 말라며 나이를 전혀 신경 쓰지 않고 친구처럼 어울렸습니다.

제 할머니와는 다른 모습이었습니다. 어릴 때 할머니는 우리 집에서 함께 살았습니다. 할머니 방에 텔레비전이 있었는데, 할머니는 그걸 켜지 못했습니다. 꼭 저에게 켜달라, 채널을 바꿔달라 부탁했습니다. 너무 쉬운 일인데 못하시는 할머니가 이상하게 느껴졌습니다.

할머니에게 버튼을 누르고 스위치를 돌려 채널을 맞추는 방법을 가르쳐드려도 할머니는 채널을 바꿀 때마다 저를 찾았습니다. 끝끝내 하지 못하셨던 것이 기억에 깊게 남아 있습니다. 그런 할머니의 모습을 보며 나중에 텔레비전을 켜지 못하는 할머니는 되고 싶지 않았습니다.

새로운 것을 계속 배워야 합니다. 불편해도 계속 배우며 생활 방식을 바꿔나가야 합니다. 저는 가끔 앱스토어에 들어가 유행하는 앱이 무엇인지 체크하고 다운받아 하나씩 써봅니다. 노션으로 포트폴리오를 작성하고, 개인 라이브러리를 만들어 나만의 책 데이터베이스를 정리합니다.

다양한 디지털 도구를 통해 동시대적 감각을 익힙니다. 윈도우, 맥북, 안드로이드, 아이폰, 아이패드를 오가며 사용합니다. 시대에 따라 사용하는 언어와 상식이 달라집니다. 잡지를 정기구독하며 요즘 말과 유행을 익힙니다. 《보그》, 《지큐》, 《행복이 가득한 집》을 꼼꼼하게 읽습니다.

나이가 적든 많든 새로운 것을 시도하지 않는 사람은 늙은 것입니다. 아이의 몸은 미꾸라지처럼 유연하고 마음도 그렇습니다. 변화를 싫어하면 몸도 딱딱해지고 마음도 완고해집니다. 잠시만 게을리해도 이끼가 낍니다.

얼마 전 당근 거래를 했던 일이 떠오릅니다. 예쁜 그릇이 있어 구매 가능 여부를 묻는 채팅을 보냈습니다. 상대방은 바로바로 답변해 주었습니다. 모 아파트의 지하 주차장에서 거래하기로 했습니다. 안내대로 따르니 바로 찾을 수 있었습니다.

짧은 챙의 검은 펠트 모자를 쓰고 자주색 패딩을 입은 여성이 서 있었습니다. "혹시 당근이신가요?"라고 물었더니, 맞다며 상자 안에 든 커피잔과 접시를 보여주었습니다. 상태를 보고 가져가라는 의미로 일부러 포장하지 않았다고 합니다. 그릇은 너무 깨끗했습니다.

"어머나, 깨끗하네요."

"그릇장에만 두고 안 썼어요."

"이렇게 예쁜 걸 사용하지 않으시고 판매하세요? 덕분에 제가 예쁜 그릇을 사용하게 되겠네요. 감사합니다."

"… 잘 쓰세요. 이제 나는 정리할 나이가 되었어요."

그제야 고개를 들어 그녀의 얼굴을 바라보았습니다. 당근앱을 능숙하게 활용해서 미처 눈치채지 못했는데, 부모님 연배쯤 되시는 듯했습니다. 정리를 준비하는 나이에도 IT 기술을 자유자재로 쓸 수 있게 익히신 것입니다.

나이가 중요하지 않다는 말을 곱씹어 봅니다. 실력이 중심이 된다면, 경험이 부족한 젊은 사람들은 이미 경험을 많이 가지고 있는 사람들과 어깨를 나란히 할 수 있을 만큼 전문성과 경험을 가져야 합니다. 이미 경험을 많이 가지고 있는 사람들은 젊은 사람들과 소통할 수 있도록 동시대의 감각을 배우고 갈수록 약해지는 체력을 보충해야 합니다.

미국에 사는 친구의 시아버지가 떠올랐습니다. 그는 우리나라 나이로 85세에 요트를 구입했습니다. 할아버지는 반바지에 흰색 스니커즈를 신고, 72세의 여자 친구를 옆에 태운 채 한 시간 남짓한 거리를 시속 100킬로 정도로 직접 운전해 롱비치 해변에 갔습니다. 할아버지는 밧줄을 풀어 닻을 내렸다가 다시 엔진에 시동을 켜고 핸들을 감았습니다.

캘리포니아 해변에서 즐기는 요트도 아름다웠으나, 85세 할아버지의 일거수일투족이 영화 같아서 바다가 눈에 잘 들어오지 않았습니다. 여전히 스스로 운전해 출근하고 경제 활동을 계속하던 할아버지는 2년 후 그 여자 친구와 결혼식을 올렸습니다. 나이는 중요하지 않았습니다.

포기하지 않는 법을
배우는 시간

○

　　　　　　　　　　아들이 중학생 때의 일입니다. 아들이 시험 기간 몇 주 전부터 '기말고사', '시험', '시험공부'라는 단어를 몇 번이나 말했는지 모릅니다. 시험이 코앞이니 조마조마하겠다 싶어 아들에게 편지를 써온 오렌지 노트에 격려하는 말을 적었습니다. 노트를 건네주려고 노크했는데 인기척이 없어서 조심스럽게 방문을 열었습니다.

　방의 불은 환하게 켜져 있고, 책상 앞에 있어야 할 아들이 안 보입니다. 공부한다더니 책상 위는 깨끗하고 얘가 어디 갔을까 궁금해하고 있는데, 아들은 침대와 이불 사이에 있었습니다. 오후 9시가 좀 넘은 시각이었습니다. 시험 하루 전이라 깨울까 말까 잠시 망설였지만 그냥 두었습니다.

아들은 그대로 쭉 다음 날 아침까지 잔 듯한 눈치였습니다. 아침에 일어나선 스스로가 한심하다고 말하며 자책했습니다. 저는 글을 쓰다 멈추고 주방으로 갔습니다. 핫케이크 가루에 우유와 달걀을 넣고 저은 다음, 프라이팬에 버터 한 조각을 올렸습니다. 지글지글 녹는 소리와 함께 고소한 향기가 온 집 안으로 퍼져 나갑니다. 프라이팬 위에 반죽을 부으니 치익 소리와 함께 달콤한 냄새가 올라옵니다.

핫케이크 한 조각을 노릇노릇하게 구워서 따뜻하게 데운 우유를 곁들어 아들에게 주었습니다. 아들은 식탁에 앉아 고개를 푹 숙이고 핫케이크만 봅니다. 어깨가 소금 친 배추처럼 풀이 죽어 있습니다. 아들은 핫케이크 위에 나한과(몽크프루트) 시럽을 뿌려가며 한 입 한 입 먹기 시작했습니다.

"엄마, 정말 맛있다."

"그래, 많이 먹고 가."

아들은 먹으면서도 웃었다가 한숨을 쉬었다가 바빴습니다.

"엄마, 안아줘라."

"그럼. 안아주지. 나중에 이건 생각도 안 날 거야. 괜찮아. 지금은 끝까지 포기하지 않고 하는 걸 배우는 중이야. 포기하고 싶은 마음을 지우고 끝까지 잘 보고 와."

그렇게 말하며 아들을 꼭 안아주었습니다.

시험 전날, 공부하려 했는데 자버리면 누구나 자신을 탓하게 됩니다. 그래도 아직 시험이 끝나지 않았기 때문에, 이미 지나간 일에 매몰되지 말고 빠르게 태세를 전환해야 합니다. 집중하고 노력하다 보면 다른 과목은 만회할 수 있습니다. 실수는 흔들리는 멘탈을 부여잡고 최선을 다하는 법을 배우는 시간입니다.

잘 준비한 어떤 일이 시작부터 삐그덕거리면 도망가고 싶은 마음이 듭니다. 포기하고 싶은 마음은 완벽주의에서 비롯된 두려움입니다. 완벽하게 해내지 못하면 자신을 책망하고 자책하게 됩니다. 이 행동의 패턴이 반복되면 점점 자신을 믿지 못하게 됩니다. 또 실패할까 봐 도전하는 것을 두려워합니다. 시도하지 않으면 자기 세계가 점점 좁아지고 자신감도 사라집니다.

잘못한 일을 곱씹으며 자기를 미워하는 것보다 중요한 것은 그 일을 통해 배우는 것입니다. '왜 나에게 이런 일이 생길까?', '나는 운이 안 좋아', '되는 일이 없어' 같은 생각은 오히려 자신을 더 힘들게 만듭니다. 그런 생각이 들 때마다 '나는 이 일에서 무엇을 배울 수 있을까?'라고 자신에게 질문해 보세요. 그렇게 생각하면 세상 모든 일에서 배울 점을 찾을 수 있습니다.

배울 게 아무것도 없어 보이는 일에서도 '이렇게 하면 안 되겠구나. 나는 이렇게 하지 말아야지'라는 것을 알게 됩니다. 이렇듯 어떤 일을 겪다 보면 분명 깨달은 게 있을 것입니다. 그 배움을 바탕으로 또 도전합니다. 그 횟수가 반복되고 주기가 빨라지면 성공 확률이 높아지고, 경험치가 축적될수록 대체 불가능한 사람이 됩니다.

어떤 문제는 붙들고 늘어져야 할 때가 있습니다. 문제를 해결하기 위해 여러 방법을 스스로 시도해 보는 과정에서 진짜 실력이 쌓입니다. 그런 훈련은 누가 대신해 줄 수 없습니다. 이렇게 저렇게 해보며 스스로 깨우쳐야 합니다.

그런데도 어쩌다 한 번 삐끗한 걸 가지고 자기를 혼낸다는 사람을 종종 만납니다. 창조성 트레이너로서 프로그램을 이끌다 보면, 매일매일 리추얼을 하면서도 한 번 놓쳤다고 스스로 질책하는 모습을 보게 됩니다. 완벽하게 못 하는 자신을 혼내고 추궁합니다. 끊임없이 뭔가 하고 있고 성과도 좋은데 계속 초조한 마음이 든다면, 자신을 믿지 못하고 있을 가능성이 높습니다. "내가 뭘", "내가 감히 그걸 어떻게 해"라는 말을 자주 한다면 자기 비하에 가깝습니다.

누군가 어떤 일을 제안했을 때 마음속 깊은 곳에서 '내가 감히 어떻게 그런 일을…' 하는 생각이 든다면, 제안해 준 그 사람의 안목을 믿어보세요. 어떤 일을 제안한다는 것은 제안을 받은 사람에게 시간을 쓰고 예산을 집행하겠다는 뜻입니다. 일종의 투자인 겁니다. 그 사람은 내가 모르는 나의 모습을 발견하고 제안했을 가능성이 높습니다. 그 사람의 안목을 믿어보세요.

만약 당신이 어떤 사람에게 제안을 했을 때, "제가 그런 일을 어떻게 하겠어요…" 하며 말끝을 흐리는 사람과 어떻게든 그 일을 해보겠다고 눈을 반짝이며 달려드는 사람 중에서 어떤 사람과 함께하고 싶은가요? 익숙한 일만 하며 살 순 없습니다. 세계는 계속 변하니까요.

완벽이 아니라 노력에 주의를 기울이면 나를 믿을 수 있습니다. 일어나자마자 침대 정리하기, 팔 굽혀 펴기 1개 같은 사소한 일부터 시작해도 좋습니다. 해낸 성취감이 마중물이 됩니다.

나를 깎아내리고 미워하는 데에는 커다란 에너지가 필요합니다. 그 에너지를 나를 격려하고 응원하는 데 쓰면 여유가 생깁니다. 식물 돌보기, 글쓰기처럼 자연과 예술을 가까이하는 것도 자기 회복에 효과적입니다.

우리 모두 시험 전날 자버린 경험이 한 번쯤은 있을 것입니다. 꼭 시험이 아니더라도 중요한 일을 앞두고 실수한 경험은 누구에게나 있습니다. 한 번 미끄러진 것으로 인생이 무너지지는 않습니다.

시험 전날 깜박 자버렸다고 해서, 중요한 일이 있는데도 잊어버리고 자는 어른이 되는 것도 아닙니다. 이런저런 잘한 일과 잘하지 못한 일을 겪으면서 건강한 어른이 되어 사회에서 자기 몫을 하며 살아가게 됩니다. 한번 마음먹은 일은 끝끝내 해내는 것, 그것이야말로 인생에서 소중한 연습입니다.

실책으로 괴로운 상태라면, 지금은 포기하지 않는 법을 배우는 시간입니다. 자책하는 대신 배움을 찾으세요. 그리고 다시 도전하세요. 그 과정이 쌓이면, 어떤 어려움도 두렵지 않은 단단한 자신을 보게 될 것입니다.

세상에 없던 것을
만드는 법

건강검진을 할 때 MRI(자기공명영상)를 촬영해 본 적이 있습니다. 촬영실에는 커다란 기계가 놓여 있었습니다. 촬영 기사가 검은색 헤드폰을 건네며 기계 안에서 굉장한 소음이 나니 꼭 쓰고 있으라고 말했습니다. 딱딱한 플라스틱 침대에 누워 헤드폰을 썼습니다. 곧 침대는 윙윙하는 전자음을 내며 커다란 기계 안으로 들어갔습니다.

내부는 우주선 같았습니다. 아무것도 없는 플라스틱 상자 안에 누워 가만히 있으려니 본능적으로 거부 반응이 일었습니다. 관 속에 있다면 이런 느낌일까 싶었습니다. 폐소공포증이 없어도 가슴이 답답해졌습니다. 한참이 지나자 헤드폰으로 촬영 기사의 목소리가 들렸습니다. 촬영이 다 끝났으니 침대가 다시 밖으로 나올 것이라고 했습니다. 그래도 어른인 저는 참을 수 있었습니다.

안타깝게도 어린이 환자가 MRI 촬영이 필요한 경우가 있습니다. GE헬스케어에 근무하는 더그 디츠가 병원에 방문했을 때의 일입니다. 그는 MRI 스캐너 개발을 주도했습니다. 개발 기간이 2년 반 걸렸고, 예산은 수백만 달러에 달했습니다. MRI 스캐너는 국제디자인 최우수상 부문에 응모했을 만큼 수려한 외관을 갖고 있었습니다. 흐뭇한 표정으로 MRI 스캐너를 보고 있던 그에게 촬영 기사가 밖으로 나가달라고 부탁했습니다.

어린이 환자가 엄마 손을 잡고 기계 앞에 섰습니다. 아이는 기계를 보자마자 울기 시작했고, 촬영 기사는 마취과 의사에게 전화했습니다. MRI 촬영은 전신 마취가 전혀 필요 없는 의료 행위입니다. 그러나 어린이는 촬영이 진행되는 동안 기계 안에 홀로 가만히 있을 수 없기 때문에 전신 마취를 한 다음 MRI 촬영을 해왔습니다. 더그는 그 장면을 보고 충격을 받았습니다.

이는 병원 측에도 반갑지 않은 일입니다. 병원에서는 마취과 의사의 스케줄을 잡기가 어렵습니다. 신경외과, 정형외과, 산부인과 등에서 하는 모든 수술에 마취가 필요해서 마취과 의사들의 손이 바쁘기 때문입니다. 마취과 스케줄부터 잡고 수술 일정을 잡아야 한다는 말도 있습니다.

더그는 이 문제를 해결하고 싶었습니다. 스탠퍼드 디스쿨의 창조성 워크숍에 참여합니다. 개발에 2년 반이나 걸렸고 얼마 전에 끝난 프로젝트에 다시 회사의 지원을 받기에는 무리가 있었습니다. 그래서 사람을 중심에 두고 고객의 경험을 다시 설계하는 일에 전념했습니다. 다양한 분야의 사람들과 브레인스토밍을 진행한 결과, 더그는 MRI 촬영 공간을 놀이공원으로 만들기로 했습니다.

MRI 기계는 그대로 두고 촬영실 내부의 천장, 벽 등을 놀이 공간처럼 꾸밉니다. MRI 스캐너 입구에는 해적선의 키를 그려 붙였고, 촬영 기사에게는 놀이기구 안내 멘트 같은 대본을 주었습니다. 지금 모험을 떠날 건데 가만히 있으면 보물을 하나 가질 수 있다는 내용입니다.

이 일의 결과는 다음과 같습니다. 어떤 아이는 MRI 촬영을 마치고 엄마에게 이렇게 물었습니다. "내일 또 와도 돼?"라고. 이 프로토타입이 설치된 후 소아 환자에 대한 마취제 투여량이 상당히 줄었습니다. 또한 마취과 스케줄을 좀 더 확보할 수 있는 데다 MRI 촬영이 늘어 병원과 GE헬스케어 모두 좋아했습니다. 환자들의 만족 지수도 90% 가까이 상승했습니다.

이미 가지고 있는 자원에 창의적 아이디어를 더해 적은 에너지를 사용하면서도 제조사, 어린이 환자, 촬영 기사, 마취과 의사, 병원 모두를 이롭게 만들었습니다. 이 이야기는 《아이디오는 어떻게 디자인하는가》에 등장하는 사례로, 창조성을 설명하는 좋은 예입니다.

영어 단어 'creativity'는 한국어로 '창조성' 혹은 '창의성'으로 번역됩니다. 비슷하게 쓰이지만 조금 더 세밀하게 구분해보면, 창의성은 아이디어가 반짝이는 독창적 사고에 가깝고, 창조성은 창의성을 바탕으로 하는 실천적 문제해결력까지 포함합니다.

아이디오IDEO의 창업자 데이비드 켈리는 스탠퍼드 대학에서 창조성을 교육하는 디스쿨을 설립하고 운영합니다. IDEO는 세계적인 디자인 회사로, 대표적인 작품은 마우스 안에 고무 볼을 넣어 커서의 움직임을 세밀하게 조정하는 방식의 애플 마우스입니다.

데이비드 켈리는 동생 톰 켈리와 함께 사람을 중심에 두고 수백 가지의 마우스 시제품을 만들었습니다. 마우스 안의 볼이 굴러다닐 때 나는 소리를 줄이고 사용감을 좋게 하기 위해 볼에 고무 코팅을 하고 분리해서 세척할 수 있도록 설계했습니다. IDEO가 디자인한 이 마우스는 1983년 애플 리사, 1984년 매킨토시에 적용되었고, 이후 수십 년간 전 세계 컴퓨터 마우스의 표준이 되었습니다.

　승승장구하던 어느 날 데이비드 켈리는 암 선고를 받았습니다. 생존율이 40%밖에 되지 않았습니다. 다행히 그는 40%에 속했고 죽을 고비를 넘겼습니다. 암 투병은 그의 삶과 일에 대해 고심하는 계기가 되었습니다. 그는 남은 인생을 창의성 교육에 쓰기로 결정했습니다. IDEO의 디자인적 사고를 세상에 알리고자 한 것입니다.

　창조성은 데이비드 켈리나 톰 켈리처럼 특별한 사람들만 가진 것이 아닙니다. 우리 모두의 마음속에 있습니다. 창조성이 움직이기 시작하면 MRI 스캐너의 사례처럼 모두에게 이로운 결과를 만들어낼 수 있습니다.

　창조성은 세상에 없던 방식으로 문제를 해결하는 능력입니다. 일상을 살아가며 생기는 많은 문제를 창조적으로 해결할 수 있습니다. 예산과 시간의 한계 속에서도 좋은 방법을 찾아 하고 싶은 일에 더 많은 시간과 에너지를 사용할 수 있습니다.

　창조성도 글쓰기나 그림 그리기처럼 시간을 쓰고 훈련하면 깨울 수 있습니다. 창조성이 깨어난 사람들은 마음속에서 무엇인가 단단하게 움직이는 것이 느껴진다고 말합니다. 창조성 프로그램이 심리 상담과 다른 이유는 내 인생의 주도권을 내가 갖는 일상의 훈련을 통해 생활 습관을 교정하기 때문입니다.

똑같은 일상을 보내면서도 무엇인가 재미있고 행복해집니다. 창조성 깨우기를 통해 불가능을 가능으로 바꾸고, 삶을 더 즐겁고 의미 있게 만들어 나와 세상을 바꿀 수 있습니다.

언제나 현재보다
커다란 꿈

○

　　　　　뮤지엄 산에서 백남준의 작품 〈커뮤니케이션 타워〉를 만났습니다. TV 브라운관과 탈, 가면 같은 토템을 쌓아 올려 5.2미터 높이의 탑을 만들었습니다. 아파트의 층고가 2.5미터인 점을 감안하면, 2층 높이에 육박하는 큰 조형물입니다.

　맨 윗부분에는 사이렌이 위치합니다. 돌로 탑을 쌓아 올리고 두 손 모아 기도를 드리던 한국의 샤머니즘이 느껴졌습니다. 백남준의 어머니는 집안에서 중요한 결정을 내릴 때마다 굿을 하고 점을 치는 등 무속신앙을 깊이 신봉했다고 전해집니다. 덕분에 백남준은 1년에 한 번씩은 춤추는 무당의 모습을 보았다고 합니다. 아련하게 남은 기억은 백남준의 예술적 세계관과 작품에 중요한 모티브가 되어 〈커뮤니케이션 타워〉 같은 작품으로 재탄생했습니다.

백남준은 '비디오 아트'를 처음 만든 사람입니다. '최초'이기 때문인지 세계 곳곳의 갤러리를 방문할 때마다 백남준의 작품을 만날 수 있습니다. 세계인의 지지와 사랑을 받은 예술가, 그게 제가 알던 백남준이었습니다. 백남준은 세계적인 아티스트이기 때문에 작품 활동을 하며 제작비 같은 현실적인 걱정은 없었을 거라 짐작했습니다.

삶의 여정이 궁금하던 차에 백남준의 아내이자 작가인 구보타 시게코의 이야기를 엮은 책을 발견했습니다. 중앙일보 기자 출신 남정호 작가가 수년 동안 구보타 시게코와 교류하며 인터뷰를 진행해 기록한 책으로, 제목은 《나의 사랑 백남준》입니다.

백남준은 한국 사람이지만 주로 미국, 독일을 주 무대로 활동했습니다. 그 연유에는 아픈 현대사가 있었습니다. 한국전쟁이 발발하던 날, 아버지 백낙승은 위기를 직감하고 아들을 홍콩으로 보냈습니다. 그날 어머니는 막 떠나려는 아들을 붙잡고 파인애플을 깎아주었다고 합니다.

부잣집이었기 때문에 해외로 떠날 수 있었습니다. 백남준의 아버지 백낙승은 태창방직의 사장이었고, 할아버지 백윤수는 국상에 입을 상복을 만들어 납품했던 큰 포목상을 운영했습니다. 1940년대 국내에 딱 두 대 있던 캐딜락 중 하나가 백낙승의 소유였습니다. 백남준은 그 차를 타고 초등학교에 다녔습니다.

  백남준은 모국을 떠나 일본에서 대학을 마치고, 뉴욕을 거쳐 독일에서 작품 활동을 이어갔습니다. 1961년의 어느 날, TV를 활용한 예술이 새로운 축이 될 것을 직감합니다. 그리고 TV와 물리학에 대한 책을 탐독하기 시작합니다. 무지막지하게 많이, 다양한 분야의 활자를 읽어치우던 그는 TV와 물리학을 제외한 모든 책을 창고에 넣고 잠가버리며 TV에 전력투구합니다.

  그는 가지고 있던 모든 돈을 털어 13대의 TV를 구입했습니다. 참고로 당시 한국에서 흑백 TV의 가격은 8만 8천 원 정도였습니다. 80킬로그램 쌀 한 가마의 가격이 2,500원이었으니, TV 한 대에 쌀 35가마가 넘는 고가품이었습니다. 1963년 독일 부퍼탈에 있는 파르나스 갤러리에서 '음악의 전시-전자 텔레비전'을 전시합니다. 사람들의 이목을 끌기 위해 백남준은 도살장에서 피가 뚝뚝 떨어지는 황소 머리를 가져다가 갤러리 중앙에 전시합니다. 이 전시로 백남준은 이름이 알려지기 시작합니다.

백남준은 영국 작가 조지 오웰의 작품 《1984》를 만났습니다. 이 소설은 1984년이 되면 기계과 매스미디어의 발전으로 오히려 절대권력자가 인류의 자유를 통제하는 삶을 살 거라고 가정하며 디스토피아적 세계관에 입각한 암울한 미래를 그리고 있습니다. 전체주의의 위험성을 경계하고 권력의 남용이 가져오는 폐해에 경종을 울리는 소설입니다.

 백남준은 《1984》와는 반대로 기계 문명과 기술의 발전에 대해 긍정적이었습니다. 비디오 아트의 창시자로서 기계와 기술이 세상을 어떻게 재미있고 풍요롭게 바꾸었는지를 증명하고 싶었습니다. 그래서 '인공위성'이라는 기계와 기술을 통해 뉴욕, 파리, 도쿄, 서울을 연결하는 미디어 아트를 생각하게 됩니다.

 1983년 8월, 51세이던 백남준은 존 케이지에게 요셉 보이스와 함께 미국과 유럽 양 대륙을 사이에 두고 퍼포먼스를 하자고 제안합니다. 이 퍼포먼스를 인공위성 중계를 통해 미디어 아트로 만들자는 것입니다. 작품을 위해 인공위성을 띄우기로 결심합니다.

 날짜는 뉴욕 시간을 기준으로 1984년 1월 1일 일요일 정오로 정했습니다. 뉴욕의 공영방송 WNET와 파리의 방송 채널 FR3 양쪽에 조정실을 설치하고, 예술가들이 대거 등장하는

〈굿모닝 미스터 오웰〉을 방송했습니다. 이 방송은 미국, 프랑스, 한국, 네덜란드, 독일 등에도 중계되었습니다. 결과적으로 이 방송은 성공적이었습니다. 백남준에게 더 큰 명성과 명예를 가져다주었습니다.

그러나 금전적으로는 큰 손실이었습니다. 예상 비용은 40만 달러였지만, 실제 집행 비용은 그것을 훨씬 넘어섰습니다. 이때 진 빚으로 백남준은 몇 년 동안 죽을 고생을 했습니다.

1983년 한국 남성의 평균 수명은 63세였습니다. 50대의 백남준은 앞뒤 계산하지 않고 꿈을 향해 돌진했습니다. 백남준에게 작품에 대한 열망은 언제나 현실보다 컸습니다. 제작비는 항상 부족할 수밖에 없었습니다. 예산 범위 안에서 안전하게 만드는 것이 아니라 그 꿈을 기준으로 삼고 무슨 일이라도 기어이 해냈습니다. 어떤 사람들에게 '삶을 산다'라는 것은 꿈을 향해 자신의 시간과 에너지를 연료로 써서 완전히 연소하는 것입니다.

코미디언 이경규는 《삶이라는 완벽한 농담》이라는 책에서 건물을 구입하고 재테크에 성공한 동료들에 대해 언급합니다. 그런 동료들은 작품 활동에서 서서히 보이지 않더라고 전합니다. 자신은 인생의 마지막까지 보이는 사람으로 살겠다고 선언합니다.

꿈을 향해 현실의 어려움을 넘어서는 과정에서 또 다른 꿈을 만납니다. 그 꿈은 언제나 현재보다 더 큰 꿈이 될 것입니다. 인간은 경험을 통해 성장하는 존재이기 때문입니다. 스물이든, 서른이든, 마흔이든, 쉰이든 꿈을 꾸며 밀고 나가는 사람에게는 할 수 있는 방법이 생깁니다. 꿈을 향해 강단 있게 나아갈 때 비로소 새로운 길과 가능성이 열립니다.

가장 진화한 커리어란 무엇일까?

○

충청남도 서천은 금강 하구와 서해가 접하는 곳에 있습니다. 이곳의 갯벌은 모래, 펄, 혼합갯벌 등 다양한 유형이 공존하는 하구형 갯벌로, 백합, 동죽, 고둥, 갯지렁이 등 수많은 생명체가 풍부하게 살아갑니다.

이 생물들은 철새들에게 풍부한 먹이원이 되고, 덕분에 서천 갯벌은 멸종위기종을 포함한 수많은 철새가 해마다 찾아오는 중요한 도래지로 자리매김했습니다. 유네스코는 서천 갯벌 속 다양한 생명의 보존 가치를 인정해 2021년 세계자연유산으로 지정했습니다.

이 특별한 자연환경 한가운데에 우리나라 최초의 국립생태원이 세워졌습니다. 국립생태원의 초대 원장은 동물행동학자로 널리 알려진 최재천 박사였습니다. 그는 3년 2개월의 임기 동안 국립생태원장으로서 500여 명의 조직을 이끌면서, 목표 관람객 수의 300%를 달성하는 등 큰 성과를 거두며 대한민국 최고의 조직으로 성장시켰습니다.

인구 5만 명 남짓의 작은 도시 서천이 주말마다 북적이고, 새로 문을 연 식당만 200여 곳에 달했습니다. 국립생태원은 단순한 연구기관을 넘어 지역 경제와 공동체의 구심점이 되었고 서천에 변화의 바람을 불러일으켰습니다.

충청남도 서천의 로컬 매거진 《서천 오-슈》를 만든 로컬렉티브에서 제게 최재천 박사 인터뷰를 청탁해 왔습니다. 인터뷰를 수락하고 인터뷰이에 대한 문헌 조사를 시작했습니다. 기존의 다른 인터뷰를 리서치하고 저서를 읽는 일부터 시작했습니다.

그는 《숙론》, 《최재천의 생태경영》, 《최재천의 곤충사회》, 《최재천의 공부》, 《생명이 있는 것은 다 아름답다》 등 번역서를 포함해 100여 권에 가까운 책을 썼습니다. 책이 많아 인터뷰 주제에 맞는 10권 정도를 추려야 했습니다.

최재천 박사는 '교수'라는 풀타임 직업을 갖고 있으면서도 100여 권에 가까운 책을 쓴 대단한 생산성의 소유자입니다. 철저한 원칙 덕분입니다. 최재천 박사는 교수 시절, 저녁 시간에

회식을 하지 않고 가족과 시간을 보내거나 자기 계발에 집중했습니다. 항상 저녁 6시면 퇴근해 집에 가서 아이를 재우고, 9시부터 새벽 1시까지 온전히 자신을 위한 시간으로 썼습니다.

집과 학교는 걸어 다니며 체력 관리와 시간 관리를 함께 하고, 1분의 시간도 허투루 사용하지 않습니다. 이화여자대학교 연구실에서 이루어진 《서천 오-슈》 인터뷰에서 그는 기다리고 있던 취재진에게 인사를 하며 "제가 늦었나요?" 하고 시계를 보았습니다. 약속 시간 1분 전이었습니다.

최재천 박사의 커리어는 '관찰'에서 시작됩니다. 그는 개미와 침팬지, 숲을 관찰한 생태학자입니다. 같은 시선으로 조직과 사람, 지역을 세심하게 바라보았습니다. 관찰을 위해 열대 우림 조사 때 쓰던 방수 수첩을 바지 뒷주머니에 꽂아두고 바로바로 기록합니다.

국립생태원장 시절에도 직원들의 행동을 관찰해 방수 수첩에 일지를 작성했습니다. 평생 행정직 공무원으로 일해온 한 직원이 꽃을 가꾸는 모습을 보고 식물 관리 연구실로 발령을 냈습니다. 은퇴 후 식물 관련 일을 하고 싶었던 직원은 발령을 진심으로 반기며 햇볕에 그을릴 정도로 업무에 전념했다고 합니다.

그는 관찰을 통한 적재적소의 인사 원칙을 실천했습니다.

메모 습관은 그의 연구와 저술, 그리고 조직 경영에 모두 녹아 있습니다. 조직의 효율뿐 아니라 개인의 행복과 성장에도 긍정적 영향을 미쳤습니다.

그의 리더십은 사람의 가능성과 개성을 존중하는 데 있습니다. 자연에서 개체들이 각자의 역할을 하며 전체 생태계의 균형을 이루듯, 조직에서도 각자의 강점을 살려 배치하고 서로 협력할 수 있는 환경을 만드는 것이 진정한 경영임을 보여주었습니다.

최재천 박사는 자연에서 배운 경영 원칙을 실제 조직에 적용했습니다. 그는 "평생 관찰한 자연에서 손잡지 않고 살아남은 생명은 없었다"라며 공생과 협력의 가치를 강조합니다.

또한 데드라인이 있으면 일주일 정도 앞당겨 미리 일을 끝내고 여러 번 수정하는 습관을 들였습니다. 하버드 대학교 유학 시절부터 실천해 온 습관입니다. 결과물을 더 완성도 높게 만들 수 있었고 마음의 여유도 가질 수 있었다고 말합니다.

최재천 박사는 서울대 동물학과를 졸업하고, 미국 펜실베이니아주립대에서 생태학 석사학위를, 하버드대에서 생물학 박사학위를 받았습니다. 이후 미시간대 조교수, 서울대 교수, 이화여대 석좌교수 등 학문적 커리어의 정점에 올랐으나, 그는 여전히 '공부는 평생의 과제'라고 말합니다.《최재천의 공부》,

《숙론》 등을 통해 그는 '통섭consilience'의 가치를 강조합니다. 다양한 분야의 지식을 하나로 모아 새로운 통찰을 만드는 힘, 이것이 진화한 커리어의 핵심임을 몸소 보여줍니다.

특히 미시간대 명예교우회 주니어 펠로 시절, 그는 철학, 사회학, 생물학 등 다양한 전공의 펠로들과 3년간 100여 차례의 깊이 있는 토론을 했습니다. "내 인생 전체와 주니어 펠로로 지낸 3년을 바꾸지 않겠다"라고 말할 정도로, 이 명예교우회 시절은 시야를 넓히고 학문적 깊이를 더해준 소중한 시간이었습니다.

최재천 박사는 자신의 노하우를 사회와 나누는 데도 적극적입니다. 유튜브 '최재천의 아마존'은 초등학생부터 노년층까지 폭넓은 연령대에서 시청하는 채널입니다. 구글 본사에서 그의 구독자층이 궁금해 찾아올 정도로 그는 대중과 적극적으로 소통하는 과학자입니다. 학교 강연도 연간 수십 회에 달하며, 강연료는 다시 학교에 기부하여 다음 세대를 위한 선순환을 실천합니다.

그는 강연이나 인터뷰에서 "혼자만 잘 살지 말고 모두 함께 잘 사는 세상을 이끌어달라"라고 강조합니다. 가장 진화한 커리어란, 나이에 상관없이 일하며, 자신만의 성취를 넘어 타인과 함께 성장하고, 사회와 자연에 긍정적 변화를 남기는 삶의 여정임을 보여주고 있습니다.

그는 《최재천의 희망 수업》 등에서 명예교우회 같은 토론 공동체를 만들고 싶다고 여러 번 밝혔습니다. 예산이 200~300억이면 운영이 가능할 것 같다며, 꿈을 더 키우는 모습입니다. 후대를 위해서 무엇이 필요한지 바라보고 전진하는 모습, 가장 진화한 형태의 커리어라고 말하고 싶습니다.

왜 열심히 살아야 하냐고 묻는다면

○

 홍콩에서 박람회를 보고 저녁을 먹으러 소호 스트리트를 걷던 중이었습니다. 구둣가게에 들렀는데 한 켤레의 구두가 시선을 잡아당겼습니다. 동그란 앞코를 가진, 웜 그레이 색상의 에나멜 하이힐로, 가는 스트랩으로 발목을 고정할 수 있는 메리 제인 슈즈였습니다. 위에서부터 아래로 가늘어지는 날렵한 굽이 같은 색상의 에나멜로 감싸여 있는 것도 마음에 들었습니다. 8센티미터 높은 굽에도 신었을 때 흔들림이 없을 만큼 단단하게 만들어졌습니다.

 마음에 드는 구두 찾기는 모래사장에서 바늘 찾기처럼 어려워 횡재한 기분마저 들었습니다. 혹시 구두가 다칠까 봐 애지중지하며 신었습니다. 대중교통을 이용하는 날 보도블록에

굽이 빠져 에나멜에 스크래치라도 날까 봐 운전하는 날에만 신었습니다. 앞코에 까만 티가 묻었을 때는 심장이 쿵 하고 떨어지는 것 같았습니다.

중요한 미팅이 있던 날, 그 구두를 신고 나갔습니다. 아끼는 구두가 좋은 곳으로 데려다줄 것 같았습니다. 미팅을 잘 마치고 신사역에서 가로수길을 걷는데 보도블록 사이에 뒤축이 빠졌습니다. 발을 들어 구두 굽을 확인했을 때 울 뻔했습니다. 에나멜이 벗겨져 하얀 플라스틱 맨살이 드러났기 때문입니다.

그 구두를 쇼핑백에 넣어 신사역 근처 구둣가게를 찾았습니다. 별 기대 없이 "안녕하세요?" 하고 문을 연 순간, 눈이 부셔서 얼굴이 살짝 찡그려졌습니다. 사장님의 빳빳하게 다린 새하얀 티셔츠가 태양처럼 빛나고 있었습니다. 얼룩 한 점 없이 깨끗한 그 티셔츠는 초현실적으로 느껴졌습니다. 형광등 불빛에 기댄 어둑한 실내 안에 검정 구두, 검은 말표 구두약, 검은 구둣솔 사이에서 흰색 티셔츠를 입은 사장님은 그리스 로마 시대의 제사장 같은 오라를 뿜었습니다.

구두약은 구둣솔이 지나가며 스치기만 해도 유성 잉크가 묻은 것처럼 잘 지워지지 않습니다. 사장님의 완전무결한 흰색 티셔츠는 구둣솔과 구두약, 구두를 완전히 통제할 수 있음을 보여주는 자신감이었습니다.

사장님은 30년 넘게 구두 수선을 한 전문가였습니다. 자신에게도 꿈이 있었지만 청춘을 구두 가게에서 다 보냈다고 말했습니다. 그 말끝에 휴, 하는 작은 한숨 소리가 들렸습니다. 그래도 세 아이 모두 대학 공부를 시켜 후회는 없다고 하셨습니다.

내 인생을 바쳐 사랑하는 사람이 좋아하는 일을 할 수 있게 해주는 인생과 내가 하고 싶은 일을 실컷 하는 인생, 우열을 가릴 수 없습니다. 사랑하는 사람을 위한 수고로움도 행복의 한 종류입니다.

행복한 삶을 살기 위해 사람들은 그야말로 열심히 노력하고 있습니다. 하루는 지하철을 탔습니다. 탑승객이 별로 없어 운 좋게 자리에 앉았습니다. 바로 옆자리엔 안경을 쓴 할아버지가 있었습니다. 오디오북을 들으며 사람들을 관찰하다가 필라테스 선생님에게 배운 운동이 생각났습니다.

두 무릎에 힘을 주어 딱 붙이고, 허벅지와 종아리 각도가 90도가 되도록 만든 다음 갈비뼈를 닫고, 배에 힘을 주어 다리를 들어 올리는 것입니다. 긴 스커트를 입었기 때문에 주변 사람들에게 그렇게 불편을 끼치지 않으면서도 운동할 수 있을 것 같았습니다. 얼마나 그 자세로 머물 수 있나 궁금했습니다.

그때 제 다리 옆에 똑같은 각도로 들어 올려진 한 쌍의 다리를 발견했습니다. 세상에! 옆 좌석 할아버지의 다리였습니다. 제 다리보다 더 높은 위치에 흔들림 없이 고정되어 있었습니다. 심지어 할아버지는 엉덩이를 의자 앞으로 살짝 뺀 다음 두 손으로 의자를 지지한 채 다리를 들어 올렸습니다. 한두 번 해본 자세가 아니었습니다. 게다가 할아버지는 저보다 더 오래 다리를 들고 있었습니다. 단단한 코어를 위한 막간의 노력을 알 수 있었습니다.

강연장 근처 봉화산 공원에 올랐을 때도 고수의 무리를 만났습니다. 처음 가보는 곳이었습니다. 아침 운동을 하는 사람들을 따라 발걸음을 옮기다 운동기구가 있는 체력단련장에 다다랐을 때 벌어진 입을 다물지 못했습니다.

모든 운동기구에 사람들이 있었습니다. 철봉에는 등산복을 입은 할아버지가 매달려 있었습니다. 그의 머리엔 새하얀 머리카락이 몇 가닥 남아 있지 않았습니다. 매달린 어깨가 위태위태해 보였습니다. 그가 두 팔로 철봉을 잡고 몸을 봉 위로 끌어 올려 철봉을 중심으로 뱅글뱅글 돌았습니다. 연달아 10개를 해치웠습니다. 유튜브에서 본 20대 트레이너 못지않게 가볍고 빨랐습니다.

그곳에선 모든 사람이 자신의 운동에 깊이 빠져 있었습니다. 그 옆 덱에는 네발 기기 자세를 한 다음 덤벨을 양손으로 잡고 있는 할아버지가 있었습니다. 그는 무릎을 고정한 채 덱 위에 덤벨을 굴리며 코어 운동을 하고 있었습니다. 덤벨을 몸 밖으로 밀고 몸 안쪽으로 당기는 소리가 규칙적으로 들렸습니다. 그는 제의를 행하는 성직자의 표정으로 땀을 뻘뻘 흘리며 코어를 움직였습니다. 이들의 성실한 매일은 몸의 속도와 꼿꼿함에 고스란히 드러났습니다.

우리는 미처 깨닫지 못할지라도 소용이 있기 때문에 태어났습니다. 태어났으니까 자기에게 주어진 삶을 그저 최선을 다해 사는 것입니다. 왜 열심히 살아야 하냐고 묻는다면, 그것이 미래의 나를 위한 일이고 사랑하는 이를 위한 일이기 때문입니다.

현재를 모두 희생해서 미래에 갈아 넣으라는 뜻이 아닙니다. 진정으로 내가 원하는 것을 명확하게 찾으면 방법을 모색할 수 있습니다. 내가 무엇을 원하는지는 나에게 물어야 합니다.

A4 종이를 한 장 두고, 동그라미 안에 '나'라고 적은 다음 내가 원하는 커리어, 건강 상태, 재산 규모, 여가 활동, 인간관계, 창조성, 정신 등에 대해 가지가 뻗어나가듯 써봅니다. 나에 대한 마인드맵을 그리는 것입니다. A4 한 장으로 시작해 사방으로 종이를 붙여나가며 생각의 흐름이 멈출 때까지 계속 그려봅니다.

마인드맵이 길게 뻗어나갈수록 정확도가 높아집니다. 더 이상 생각이 나지 않을 때까지 끈질기게 적습니다. 마인드맵을 그리는 동안, 내가 진정으로 원하는 모습과 막연하게 내가 원한다고 생각해 왔던 모습이 다르다는 것을 발견하게 됩니다.

원하는 모습을 찾으면 전략을 세울 수 있습니다. 나의 삶을 단단하게 구축할 수 있습니다. 생명이 있는 모든 것은 그곳이 어디든지 어떻게든 꽃을 피웁니다. 그것이 자연의 이치입니다.

라이프 스킬

○

　　　　　　파리 지하철에서 어떤 할머니를 만났을 때 눈이 세 배쯤 크게 떠졌습니다. 머리카락이 온통 흰색으로 변한 것을 보면 엄마 또래의 어르신이었습니다. 그 연세의 할머니가 새빨간 에나멜 코트에 무릎까지 오는 흰색 에나멜 부츠를 신었습니다. 할머니는 높은 굽의 롱부츠를 신고도 흔들리는 지하철에서 대나무처럼 꼿꼿한 자세를 유지했습니다.

　흰색 머리카락은 웨이브가 탱글거렸고, 머리카락이 그리는 동그라미와 비슷한 크기의 은색 링 귀걸이는 리듬감 있게 흔들렸습니다. 어깨에는 보헤미안 무드의 갈색 숄더백을 걸쳤습니다. 할머니에게선 나른하게 늘어진 편안함 대신 고무줄 같은 팽팽한 긴장감이 느껴졌습니다. 더 흥미로웠던 것은 입고 걸친 모든 것에서 브랜드 로고는 찾을 수 없었다는 점입니다.

할머니의 모습은 여러 가지 정보를 전달하고 있었습니다. 군살 없는 단단한 몸은 부지런히 운동한다는 것을, 환한 피부는 이너 뷰티도 꼼꼼하게 챙기고 있다는 것을, 엄청난 스타일링 감각은 심미안을 보여줍니다. 몸은 의식을 표현하는 움직이는 디스플레이입니다.

저의 노하우를 공개해 달라는 요청이 있어 몇 가지 노하우를 추려봅니다. 제가 추구하는 가치는 친환경, 실용성, 아름다움입니다. 옷장은 2미터 한 줄입니다. 양쪽으로 2.4미터씩, 약 4.8미터를 사용하다 반보다 적게 줄였습니다. 관리와 정리에 들어가는 시간과 에너지를 줄이고 싶었습니다.

기본 아이템으로 검은색 울 터틀넥, 카디건, 이너 티셔츠, 속옷은 유니클로와 무인양품을 활용합니다. 닳으면 똑같은 것을 다시 삽니다. 포인트가 되는 아이템은 자라의 키즈 라인을 눈여겨봅니다. 키즈 라인은 움직임이 편하고 디테일이 귀엽습니다. 지난봄엔 자라에서 구매한 꽃 그림이 그려진 맨투맨 티셔츠와 인조 가죽바지를 자주 입었는데, 구입처를 묻는 사람들이 많아 자라 키즈라고 대답했더니 재미있어했습니다.

빈티지도 즐깁니다. 성수동 미팅을 들렀다가 빈티지 숍에

갔습니다. 새것처럼 보이는 바바리코트를 만났습니다. 꼼꼼한 바느질 상태가 마음에 들었습니다. 마침 사이즈도 제 몸에 딱 맞아 바로 구입했습니다. 일본에서 제작한 아쿠아스큐텀 바바리였습니다. 아쿠아스큐텀은 바바리코트의 원조입니다. 일본에서 라이선스해 만든 바바리코트는 하이엔드 모델로 취급됩니다. 이런 아이템을 발견하는 순간을 좋아합니다.

안경은 10년 전쯤 도쿄 하쿠산(백산) 안경점에서 구입했습니다. 클립온으로 선글라스가 되었다가 안경이 되는 모델입니다. 귀걸이나 목걸이 같은 액세서리는 전시회 작품이나 교류하고 지내는 김신령 작가, JU.C STUDIO 등의 작품을 구입합니다. 세상에 하나뿐인 작품이고, 작가의 에너지와 공명하는 걸 느낍니다. 형태는 뾰족한 것보다는 둥근 것에, 화려한 것보다는 미니멀한 쪽에 매력을 느낍니다.

가방은 키티버니포니와 오유경 작가가 협업한 작은 손가방을 오래 들었습니다. 배낭은 벨로이라는 호주 브랜드를 씁니다. 쇼핑을 위해 시간을 쓰진 않습니다. 뭔가 일이 있을 때, 눈에 보이는 것을 낚시하듯 잡아 올리는 편입니다.

기초 화장품은 세타필 보디로션에 동백기름과 로즈 제라늄 오일을 섞어 씁니다. 온몸에 같은 로션을 바릅니다. 손에 살짝 남아 있는 로션의 기운을 젖은 머리카락에도 발라줍니다. 린

스나 트리트먼트를 사용하는 시간과 물을 아낄 수 있습니다.

　메이크업은 아주 간단히 합니다. 미팅이 있는 날은 베이스 메이크업에 눈썹과 블러셔 정도, 그리고 색상이 진한 립글로스로 마무리하고, 강연이 있는 날은 아이 라인을 그리고 섀도도 조금 더 바릅니다. 눈두덩에 반짝반짝하는 펄을 살짝 발라주면 조명에 반사되며 생기 있어 보여 청중분들께서 더 좋아하시는 것 같습니다. 염색은 하지 않고 커트만 하고, 6개월에 한 번 정도 펌을 합니다.

　이너 뷰티를 위해서는 아침에 일어나자마자 물을 한 잔 마시고, 올리브유와 통들깨를 한 티스푼 먹습니다. 커피에는 시나몬 가루를 톡톡 넣어 마십니다. 보조제로는 서른 살 때부터 비타민 D3와 K2가 포함된 칼슘과 마그네슘을 먹기 시작했고, 알파리포산, 코엔자임 큐텐과 PQQ, 훼라민큐를 먹습니다. 며칠 전부터 먹는 유산균을 추가했습니다.

　최근엔 다시 둥굴레, 옥수수, 보리를 넣어 끓여 마시기 시작했습니다. 보리와 옥수수가 들어간 차는 잘 상하니 소금을 넣어 마시면 미네랄과 나트륨을 함께 섭취할 수 있습니다. 지방 강연을 갈 때는 도시락을 쌉니다. 검은콩에 소금을 반 티스푼 넣고 잣과 들기름을 넣어 만든 두유와 쑥떡, 과일 정도로 간소합니다.

잠을 잘 자기 위해서는 자기 전에 칼슘, 마그네슘을 먹습니다. 침대 위에 나비 모양 마사지기를 올리고 자기 전에 다리를 마사지하면 잠이 스르르 옵니다.

일본의 소설가 소노 아야코가 50대부터 근막 마사지를 받았다는 이야기를 보았습니다. 그때부터 한 달에 한두 번 마사지를 받으려고 애를 씁니다.

체력을 위해서는 달리기와 필라테스를 합니다. 꽃이 피던 봄날에 시작한 달리기도 여섯 해가 되었습니다. 시간을 내서 운동하는 것도 좋고, 시간이 없을 때는 어떻게든 몸을 움직여야 유연성과 근육이 유지됩니다. 미팅이 없는 날은 운동복 차림으로 하루를 보내며 틈나는 대로 스쿼트, 런지, 제자리 뛰기를 합니다. 몸과 피부야말로 하루아침에 만들 수 있는 것이 아니기 때문에 꾸준히 공을 들입니다.

사람의 분위기는 몸의 움직임, 속도나 말투에도 영향을 받습니다. 미슐랭 3스타 레스토랑 '모수'의 안성재 셰프는 서버가 뻣뻣하면 손님들이 불편하게 여길 수 있다며 서버에게 발레를 배울 것을 권유합니다. 몸을 빠르게 움직이되, 몸이 그리는 곡선은 우아하게 움직이려 합니다.

더 갖추고 싶은 것은 누구에게나 친절한 말과 행동입니다. 톨게이트 요금정산소에서 두 손으로 신용카드를 건네며 "감사합니다"라고 말하고, 식당에서 나올 땐 "정말 잘 먹었습니다. 이렇게 맛있는 음식을 먹게 해주셔서 감사합니다"라는 말을 남깁니다.

오랜 벗 정제영 한국교육학술정보원 원장은 이제 지식은 인공지능이 다 가르칠 수 있다고 말했습니다. 학교에서는 인성이나 예절 같은 의식을 높이는 교육을 해야 할 거라고 인사이트를 나눠주었습니다.

세계보건기구와 유니세프에서는 '일상생활의 요구와 도전에 효과적으로 대처할 수 있는 적응력과 긍정적 행동을 하기 위한 능력'을 라이프 스킬Life Skills이라고 정의합니다. 삶과 커리어가 하나인 시대입니다. 잘 사는 기술도 배우고 익혀야 합니다.

마인드셋
세팅값

○

하버드대 심리학과 교수 엘렌 랭거는 1979년에 한 실험을 했습니다. 70~80대 노인 8명을 시골마을의 한 수도원에 일주일간 머물게 했습니다. 재미있는 것은 이 수도원의 내부를 1959년으로 꾸민 것입니다. 70~80대의 노인이 갑자기 50~60대의 시공간으로 돌아간 것입니다.

가구와 장식, 벽지, 장식품이 모두 1959년을 반영했고, 테이블 위에 놓인 신문과 잡지도 1959년의 뉴스를 담고 있었습니다. TV에서도 1950년대 노래와 프로그램이 나오게 세팅했습니다. 참가자들은 1959년 당시의 옷을 입고 생활하게 했으며, 그해의 정치, 사회, 스포츠 이슈에 대해 대화하라고 주문했습니다. 참가자들 모두 20년 전의 자신이 되어 연기하며 보낸 것입니다.

실험 결과는 놀랍습니다. 시력, 청력, 기억력, 악력 등 신체 기능이 향상되었고, 혼자 걷거나 짐을 나르는 등 일상생활 자립도가 높아졌습니다. 휠체어를 타고, 지팡이를 짚고 들어갔던 참가자들이 걸어서 나올 정도였습니다. 심지어 키도 커지고 손가락 길이도 늘어났습니다.

이 실험은 마음가짐이 신체 노화에 직접적인 영향을 미칠 수 있다는 사실을 과학적으로 보여주었습니다. 랭거 교수는 우리가 마음을 어디에 두는지에 따라 몸도 그곳에 가게 된다고 강조했습니다. '나'를 어떻게 정의하는지에 따라, 마인드셋의 세팅값에 따라 삶의 질이 달라질 수 있습니다.

호텔 객실 정리 직원을 대상으로 하는 실험도 있습니다. 엘렌 랭거와 알리아 크럼이 2007년에 진행한 연구입니다. 7개 호텔의 여성 하우스 키퍼 84명을 두 그룹으로 나누었습니다.

한 그룹에는 매일 하는 침구 정리, 시트 교체, 청소 등을 미국 보건당국이 권장하는 신체활동 기준을 충분히 충족하는 운동이라고 말했고, 다른 그룹에는 아무 설명을 하지 않았습니다.

한 달 후 만났을 때, 운동이라는 이야기를 들은 그룹은 체중이 줄었고 체지방률도 줄었습니다. 늘 하던 일을 '운동'이라고 생각한 결과 운동한 효과가 나타난 것입니다. 이 연구는 생각을 바꾸는 것만으로 실제 신체 건강에 영향을 미친다는 점을 과학적으로 입증한 대표적 연구입니다. 긍정적 사고는 전두엽과 변연계 연결을 강화해 스트레스 내성을 높이고, 낙관적 태도는 텔로미어 보호 효소를 활성화해 세포의 노화를 늦춥니다.

'내가 나와 나의 일을 어떻게 바라보고 있나'에 따라 일은 운동이 될 수도, 생계를 위한 고통이 될 수도 있습니다. 어떤 쪽을 선택하는 게 내 삶에 도움이 될까요? 침대에 누워 모든 것을 할 수 있을 정도로 점점 편해지는 세상이지만, 역설적으로 인간은 불편해야 건강함을 유지하며 잘 살 수 있는 존재입니다.

세계의 장수마을 5곳을 조사한 다큐멘터리 〈100세까지 살기: 블루존의 비밀〉이 있습니다. 일본 오키나와, 이탈리아 사르데냐, 그리스 이카리아, 미국 로마린다, 코스타리카 니코야입니다.

마을이 대부분 산악 지대 혹은 산중턱에 있어서 자연스레 일상생활 속에서 몸을 많이 씁니다. 이곳에 사는 노인들은 90세가 넘은 나이에도 산을 오르내리며 양을 돌볼 정도로 신체와 정신의 건강을 유지하고 있습니다.

소식을 하고, 발효음식을 먹으며, 텃밭을 가꿔 그 땅에서 자란 식재료를 사용합니다. 신토불이, 그 땅에서 난 것을 먹습니다. 토양 속 미생물은 자연스럽게 몸으로 옮겨 옵니다.

우리 몸속에 살고 있는 미생물이 대사 과정에서 배출하는 화합물은 면역력을 증가시키고, 우울증에도 영향을 미치고, 알츠하이머의 진행 속도를 늦추고, 심지어 지능도 좋게 합니다. 자연과 가까울수록 컨디션이 좋아집니다.

블루존에서 가장 중요하게 여겨지는 것은 이웃 간의 유대 관계입니다. 이웃과 가까운 정도가 어느 정도냐면, 하루 일과를 마친 후 자연스럽게 옆집 현관문을 열고 들어가 함께 저녁을 먹습니다. 마치 가족처럼 친밀한 관계를 유지합니다. 우리는 사람에게 상처받으면서도 사람이 있어야 건강한 삶을 영위할 수 있습니다.

많이 먹고, 많이 쓰고, 많이 갖는 것보다 다소 적은 듯 먹고, 아껴 쓰고, 적당히 갖는 것이 신체와 정신의 건강에 더 유리하고 지구 환경을 위하는 것입니다. 다 먹지도 못할 산해진미를 차리고 버리면서 환경론자라고 말하는 것은 앞뒤가 맞지 않습니다.

많이 먹고 운동을 많이 하면 된다고 생각할 수 있으나, 몸은 많이 들어온 에너지를 처리하느라 무리가 생깁니다. 어떤 계모임에는 먹을 것을 즐기는 사모님이 많았습니다. 맛집을 찾아다니는 게 취미 생활이었습니다. 안타깝게도 70대가 되니 모두 병원 침대에 누워 있게 되었다고 합니다.

미국의 사회운동가 헬렌 니어링 박사와 스콧 니어링 박사는 1932년 뉴욕을 떠나 버몬트 산골에 정착했다가 그곳마저 개발 붐이 불자 메인주에 있는 시골로 이주해 평생 자연 속에서 자급자족 생활을 했습니다. 있는 그대로의 음식 재료를 최대한 단순하게 먹으며 지냈습니다. 오트밀과 건포도, 레몬즙, 소금, 올리브유를 버무려 먹는 것이 식사이고, 당근과 파인애플을 버터와 함께 끓인 것이 디저트입니다. 그래도 50년 동안 병원에 가지 않고 살았습니다.

많은 것을 가지고 누려야 한다고 주장하는 세상입니다. 철학박사이자 연세대학교 명예교수인 김형석 박사는 중산층으로 살며 상류층을 바라보는 삶이 가장 행복하다고 말했습니다. 자녀 중 하나가 재벌가와 결혼했는데, 상류층의 삶은 지켜야 하는 의식이 많다 보니 오히려 자기를 위한 시간이 별로 없어 그 또한 좋아 보이진 않더라고 전했습니다. 박사는 소유의 크기보다 인격과 정신의 성장에 초점을 맞추라고 권합니다.

과거를 재현한 공간에서 생활하고 젊어진 노인들, 일상을 운동으로 받아들인 하우스키퍼, 자연과 공동체에 뿌리내린 블루존의 장수 노인들, 절제와 정신적 성장의 가치를 강조한 철학자 모두가 '마인드셋의 힘'을 증명합니다.

나의 일과 세상을 바라보는 시선, 삶을 바라보는 관점은 내가 선택할 수 있습니다. 어떤 마인드셋을 선택할지는 온전히 나의 몫입니다. 창조성 워크숍에 참가한 은성은 본인의 오랜 꿈을 꺼내놓으며 말도 안 되는 꿈이라고 말했습니다. 하지만 마인드셋을 예술대상을 받는 극작가로 선정한 순간, 몸이 작동하기 시작합니다. 마인드셋은 단순한 마음가짐이 아니라 삶 전체를 바꾸는 힘입니다.

에필로그

나만의 삶을 가꾸는 일

"저는 이제부터 작가님을 롤 모델로 삼아 40대를 보내겠어요." 이렇게 놀라운 말을 하는 후배들이 있습니다. 이런 말을 들을 때마다 저는 저보다 더 훌륭한 분을 롤 모델로 삼으라고 답해왔습니다. 그러자 몇몇 후배는 세상에는 너무 훌륭한 분들의 이야기만 있어서 본인과는 멀게 느껴진다고 말했습니다.

생각해 보니 후배의 말도 일리가 있었습니다. 1등만 바라보는 세상에 걸맞게 최고의 이야기는 어디서든 찾을 수 있습니다. 우리도 알다시피 한 분야의 최고가 되는 사람은 어릴 적 떡잎부터 다른 경우가 많습니다. 최고의 커리어 전개와 보통의 커리어 운영은 다릅니다.

대부분 보통에 대해서는 큰 관심을 두지 않지만, 통계적으로 분포도를 그려보면 보통에 속한 사람들이 훨씬 많습니다. 보통에 속하는 저도 같은 고민을 했습니다. 롤 모델을 찾기 참 힘들었습니다. 제가 커리어를 찾아 헤맨 경험은 지도 없이 오지를 탐험하는 것 같았습니다. 이 책은 '보통 사람'의 커리어를 다루고 성장 방법을 찾아보자는 마음으로 썼습니다.

커리어는 굳은 의지와 강한 정신력으로 키우는 것이라는 사회적 공감대가 있습니다. 우리 사회는 지식과 기술을 빠르게 습득해 최고의 성과를 만들었기 때문입니다. 그 과정에서 옆 사람을 경쟁 상대로 생각하고 경주마처럼 앞만 보고 달렸습니다. 그땐 그 방식이 가장 적합했을지도 모릅니다.

지금은 그런 방식으로는 성장할 수 없습니다. 몸과 마음, 정신을 가진 인간의 생산성은 자연과 예술을 즐기며 쉼과 일이 반복될 때 가장 효과적으로 작용하기 때문입니다.

대한민국이 세계 10위권의 경제 대국이 되었으면서도 행복 지수가 낮은 것은 서로를 경쟁 상대로 인식하고, 앞만 보고 달리며 마음과 정신을 돌보지 않았기 때문입니다. 그동안 커리어를 외롭게 홀로 채찍질하며 달리는 것으로 여겨왔다면, 이제부터는 공동체를 회복해 함께 달려야 합니다.

AI의 등장으로 변화 속도는 더욱 빨라졌고 인간의 삶은 분명히 편리해졌으나 왠지 더 바쁘고 정신없게 느껴집니다. 어디서나 일할 수 있게 된 지금은 오히려 일과 삶의 경계가 흐려지고, 함께 있어도 스마트폰에서 눈을 떼지 못하고 관계는 파편화되어 마이크로 단위로 쪼개지고 있습니다. 지금은 커리어와 삶을 가꾸는 새로운 기술이 필요합니다.

저 역시 다양한 일을 열심히 하며 살아왔습니다. 21년 전부터 온라인 비즈니스를 했고, 16년 전부터 디지털 노마드였습니다. 그리고 식물 200개와 함께 살며 작가 커리어를 시작했습니다. 그 과정을 통해 우리 삶에서 자연과 예술의 중요성을 깨닫고, 창조성을 깨워 삶을 전환하는 라이프 리디자인 프로그램을 만들어 창조성 트레이너이자 코치로 일하고 있습니다.

그동안 저는 많은 사람을 식물과 글쓰기의 세계로 이끌었습니다. 자연은 나를 투영해 자기 이해를 돕는 매개가 됩니다. 글쓰기는 내면의 힘을 깨워 자신만의 고유한 재능과 삶의 방식을 스스로 찾을 수 있게 돕습니다. 창조성 코치로서 저는 제자들에게 말도 안 되는 꿈을 꾸고 그려볼 것을 주문합니다. '나'를 높은 곳에 두고 가치 있게 바라볼 것을 제안합니다.

내면이 비어 있는 채로 성공적인 커리어를 가져갈 순 없습니다. 인간관계, 건강, 재산, 여가, 창조성, 커리어, 정신적 성장 등 다층적으로 단단한 내면을 만들어갈 때 내 삶을 힘 있게 살아갈 수 있습니다.

이 책에서는 커리어, 자기 계발, 자기 관리, 가치관, 자녀 교육, 나이 듦 등 폭넓은 주제를 다뤘습니다. 도움이 되었으면 하는 마음으로 저의 시행착오를 솔직하게 기술했습니다. 부디 어지러운 세상에서 보통 사람의 롤 모델이 필요한 분들께 힘이 되었으면 합니다.

어제 모교 은사이자 구성주의 교육 전문가인 이경우 박사님을 만났습니다. 올해 88세인 박사님은 일주일에 한 번 오는 가사 도우미의 도움 외에는 홀로 의식주를 해결합니다. 그날도 세탁기를 직접 돌렸고, 아침 7시에 체리 5개, 방울토마토 5개, 사과 반 개, 달걀 2개, 요구르트와 두유를 드셨으며, 점심은 생선구이집에서 밥 반 공기와 고등어 한 마리로 살뜰하게 식사하셨습니다.

박사님의 스마트폰에 쿠팡 배송 완료 메시지와 카카오톡 메시지가 잇따라 도착했습니다. 6월 중순엔 친구들과 속초 여행을 떠날 계획이라 하셨고, 모셔다드리는 길에는 내비게이션처럼 길을 안내해 주셨습니다. 얼마 전에도 학회에서 기조연설을 하셨습니다. 인지력, 체력, 정신력, 그리고 동시대적 감각까지, 박사님의 삶은 활기찬 현재진행형입니다.

삶은 계속됩니다. 커리어란, 결국 나만의 삶을 가꾸는 일이라고 생각합니다. 누구나 위대한 사람이 될 필요는 없습니다. '보통'의 자리에서, 자기만의 방식으로 삶을 가꾸고, 성장하고, 가지를 솎아내고, 서로를 북돋우며 자라는 것. 여러분의 삶도 생명력이 가득한 숲으로 가꾸어지길 진심으로 바랍니다.

이 책을 먼저 읽은 분들의 말

꿈을 물어보는 어른들에게 항상 듣는 말이 있었습니다. "꿈은 크게 가져야지, 꿈은 클수록 좋은 거야." "꿈이 커야 큰 사람이 되지!" 그 어린아이는 늘 궁금했습니다. 큰 꿈이란 도대체 뭘까? 얼마나 커야 큰 꿈일까? 작가는 큰 꿈일까? 교사는? PD나 의사, 가수? 연기자? 대통령 정도는 큰 꿈이라고 할 수 있을까?

작가님의 이번 책을 읽으며, 내 꿈조차도 이게 '맞는 답'일까 고민하며 다른 사람들의 눈치를 살피고 애쓰던 어린 시절의 제가 떠올랐습니다. 그리고 이제 작가님이 기록해 주신 소중한 이야기들을 통해 드디어 '나'로 시작되는 큰 꿈을 찾았습니다. 어디까지 갈 수 있는지는 더 이상 다른 이의 판단이 아닌, 비로소 '나'라는 우물에서 길러진 작지만 귀한 한 방울에 의해 결정되었습니다.

감히 추천컨대, 이 책은 단숨에, 한 호흡에 읽어보시길 바랍니다. '내가 감히?', '나 따위가?'라는 고질병을 겪고 있으신 분들이라면, '해볼까?', '할 수 있어!'라는 따뜻한 만병통치약을 드실 수 있을 겁니다.

고정희 심리상담교사

책을 펼치자마자, 작가의 삶의 흐름이 마치 영화처럼 자연스럽게 이어지며 나를 책 속으로 이끌었습니다. 디테일한 사건들은 다르지만, 이상하리만치 나의 인생과 닮아 있다는 기시감이 들었고, 그 덕분에 책에 더욱 깊이 몰입할 수 있었습니다.

과거의 이야기들이 시간순으로 흘러가는 가운데, 중간중간 삽입된 회고와 사색, 짧은 단상들이 오히려 책의 리듬을 더 풍성하게 만들어주었습니다.

3장을 읽으며 저는 '창조성 12주 워크숍'을 다시 떠올렸습니다. 예전에 그 과정을 따라가며 나 자신을 들여다보았던 경험이 되살아났기 때문입니다. 그리고 4장에서는 '앞으로 나는 어떤 삶을 그려가고 싶은가'에 대한 물음과 함께 자연스레 미래를 그려보게 되었고요. 이 책은 과거의 내가 공감하고, 현재의 내가 돌아보며, 미래의 내가 꿈꿀 수 있게 이끌어주는 따뜻한 동반자 같은 책입니다.

자신만의 커리어를 가꾸고자 하는 모든 분께, 이 책이 훌륭한 씨앗이자 나침반이 되어줄 것이라 믿습니다.

김경수 TOFUDEE 대표

커리어가 폭풍 성장하던 시기인 10여 년 전의 더리빙팩토리 그리고 아티스트들의 커뮤니티였던 몽당 협동조합의 대표님으로 정재경 작가님을 만나 오랫동안 인연을 이어왔습니다. 그사이 정재경 작가님의 소담하던 꽃밭은 어느새 커다랗고 울창한 숲으로 성장해 작가님을 만나러 갈 때면 늘 푸른 숲으로 산책 나가는 듯 싱그러운 기분이 들곤 합니다.

"한 브랜드가 20년을 지속해 왔다는 건 정말 대단한 일이에요."
20년 차 브랜드를 운영하는 정재경 대표님은 자주 이런 말씀을 하셨는데, 그 시간이 오롯이 담긴 책을 읽으니 식물이 으레 꽃을 피우는 게 아니고, 나무가 아무런 성장통 없이 자라는 게 아니라는 생각에 그 소중한 성장의 시간이 무척이나 공감 가고 애틋하게 느껴집니다.

식물과 욕망은 언뜻 어울리지 않는 단어라 여겨지지만, 알고 보면 식물만큼 성장과 번식에 대한 욕망이 큰 생명체도 없습니다. 그런 건강한 식물의 욕망을 작가님을 만나면 자주 느끼곤 하는데 그 내면의 에너지가 너무나도 단단하고 활기차 주변까지 금세 생기가 돋고, 대화를 마치면 어딘지 모르게 배 속부터 희망찬 기운이 올라오는 듯한 기분이 듭니다.

《커리어 가드닝》을 읽다 보면 작가님이 특유의 다정한 말투로 소곤소곤 이야기해 주는 것 같아 읽는 맛이 절로 납니다. 도종환 시인의 말씀처럼, 흔들리지 않고 피는 꽃은 없습니다. 꽃을 피우기 전 지금 나의 성장통에, 흔들림에 용기를 얻고 싶다면, 또 누구보다 아름다운 인생의 꽃을, 숲을 가꾸기 위한 응원이 필요하다면 《커리어 가드닝》을 추천합니다. 햇살만큼 따뜻하고 봄바람처럼 포근한 정재경 작가님의 희망의 메시지를 얻을 수 있을 것입니다.

김일아 일아콘텐츠랩 대표

"늦지 않았다. 지금이라도 할 수 있다." "지금 하지 않으면 앞서 나가기 어려우니, 당장 시작하라." 정재경 작가님의 글은 이 두 문장과는 꽤 멉니다. 작가님의 글은 섣부른 위로와 격려, 조급한 동기부여를 잠시 한쪽으로 치우고, 작가 본연의 이야기를 담담히 풀어가면서 독자에게 '이렇게 해보는 건 어떨까요? 제가 해보니 좋았어요. 혹시 도움이 필요하시면 언제든 제게 물어보세요' 하고 손을 내밉니다.

집을 숲으로 가꾸는 것도(《플랜테리어 101》, 《우리 집 식물 수업》), 아침에 달리기를 하며 길에 핀 꽃이 건네는 말을 귀담아듣는 것도(《있는 힘껏 산다》), 시도와 실패의 어디쯤의 경험을 커리어로 연결지어 성장의 양분으로 삼는 것도(《커리어 가드닝》), 작가님은 기복이 없는 평온함으로 이야기합니다.

커리어도 마치 정원을 가꾸는 것처럼 씨앗을 뿌리고 물을 주고 잡초를 뽑아내며 끊임없이 손길을 더해야 한다는 작가님의 생각은, 커리어뿐만 아니라 삶 전체를 계획하고 보듬고 다듬는 데에도 깊은 영감을 줍니다.

아울러 이번 책에는 이전보다 더 깊어진 통찰이 가득 담겨 있습니다. 축적된 경험과 통찰을 기반으로 울림을 주는 것에는 변함이 없지만, 이번 책은 한층 더 정제된 깊이와 밀도가 더해졌습니다. 부담 없이 내게 쏙 스며들 수 있는 커리어 가드닝이라니! 저는 이번에도 반갑게 작가님이 내민 손을 잡을 겁니다. 같이하실래요?

노수정 타이베이 노수정 한국어 교실 대표

마치 계절이 흐르듯 우리는 매일 저마다의 시간을 쌓으며 나아갑니다. 때로는 계절의 경계에서 방황하거나 주저앉기도 하지만 그럼에도 언젠가 나다운 아름다움을 발견하리라는 희망은 놓지 않습니다. 어쩌면 삶 속에서 커리어를 가꿔가는 과정이란 바로 그런 것이 아닐까요.

다정하고 애틋한 일상의 힘으로 깊고 넓은 커리어를 가꾸어온 정재경 작가. 이 책을 읽으며 그의 여정을 따라가다 보면 나에게도 싱그러운 계절이 찾아올 것만 같습니다. 언젠가 내가 가꾼 커리어의 정원에서 좋아하는 일을 마음껏 하며 살아가는 근사한 어른이 되어 있기를 조용히 기대해 봅니다.

문예진 캘리그래피 작가

그녀는 나의 업무 의뢰인이었다. 처음 만난 2021년 어느 날, 그녀는 식물을 가꾸며 배운 삶의 태도와 긍정성에 대해 한참을 이야기했다. 덧붙여 몇 해째 빠짐없이 아침마다 글을 쓰고 있으며, 그걸 더 잘하기 위해 매일 숨이 차도록 달린다고 했다. 기세 좋게 뻗어나가는 작물처럼, 매일이 쌓여 어제보다 오늘 더 두껍고 생생해진 넝쿨손이 함께 가지 않겠냐며 손을 뻗는 듯했다.

그녀는 여전히 매일 아침 글을 쓰고, 달린다. 그렇게 단련된 근육으로 이 책 또한 엮었으리라. 미동 없는 날들이 이어져도, 가꾸는 일을 멈추지 않으면 언젠가 제 몫의 꽃과 열매를 보여주는 식물처럼 — 이 책은 꾸준히 개척해 나가는 일과 삶의 형태가 얼마나 그것과 닮아 있는지를 일깨워 준다. 어디로 뻗어야 할지 몰라 넘실대는 넝쿨들에게 지지대가 되어줄 것이다.

신소현 오이뮤 대표

《커리어 가드닝》은 마흔 이후에도 우리는 여전히 자라날 수 있다는 따뜻한 확신을 전하는 책이다. 더 이상 성장이라는 단어가 내게는 없을지도 모른다는 두려움 속에서, "오늘 내가 할 수 있는 아주 작은 일부터 시작해 보세요"라는 작가의 문장이 깊은 울림으로 다가왔다. 노력은 타인의 평가가 아닌, 나 자신을 위한 뿌리 내림임을 다시 배웠다. 단숨에 읽고, 오래도록 곁에 두고 싶은 책. 나의 인생 코치, 정재경 작가님께 감사드린다.

이나래 대금 연주가

청춘의 경계는 해가 갈수록 미뤄지고 있다. 청년의 막바지라 여겨지던 28세는 이제 39세로 대체되었다. 이러다 머지않아 '영원한 청춘'의 시대가 도래하는 건 아닐까. 《커리어 가드닝》에 담긴 정재경 작가의 끊임없이 성장하고 싶어 하는 삶의 에너지는, 우리로 하여금 '영원한 청춘'으로 살아간다는 것이 무엇인지 깊은 생각을 하게 한다.

이우 작가, 몽상북스 대표

정재경 작가님은 누군가의 마음속에 조용히 씨앗 하나를 뿌려주고 가세요. 그 씨앗이 싹을 틔우고 열매를 맺기까지 조급해하지 않고 기다려주는, 마치 선생님 같아요.
자신의 삶을 정성스럽게 가꾸는 만큼, 타인의 가능성도 다정한 시선으로 바라봐 주세요. 작가님을 따라 아침 글쓰기를 한 지 4년째, 제 인생은 더 빛나고 있어요. 결국엔 저 자신과, 저의 모든 희로애락을 사랑하게 만들어버리는 사람. 이 책에는 그런 작가님의 시선과 태도가 고스란히 담겨 있습니다. 저만 알고 싶은 분이었는데, 이제는 놓아드릴게요. 훨훨 날아가세요!

정다연 공간의위로 대표

미술관과 문화재단에서 줄곧 일하면서 내 삶은 예술이 중요했다. 그리고 정재경 작가를 만나고 식물과 함께하는 라이프 스타일을 가졌다. 식물성의 사유와 더불어 아름다움을 감각적으로 읽어내고 삶에 적용하는 라이프 스타일은 특별하다. 《커리어 가드닝》은 이런 라이프 스타일을 토대로 저자의 지혜와 노하우를 전달한다. 매거진 에디터, 뷰티 브랜드 마케터, 크리에이터, 작가, 가드너, 창조성 코치 등 다양한 분야의 일과 경험은 그가 얼마나 자신의 삶을 사랑하고 열정적으로 커리어를 가꾸어왔는지 이해할 수 있다. 저자는 자연과 예술을 사랑하는 삶의 철학을 통해 부드럽고 유연한 사고를 전하며, 특유의 밝은 에너지를 보여준다. 《커리어 가드닝》은 지금 삶과 일을 어떻게 가꾸어야 할지 해답을 찾는 많은 사람에게 좋은 길잡이가 될 것이다.

조민우 영등포문화재단 문화도시기획팀장

《있는 힘껏 산다》에서 식물과 함께한 삶을 통해 유연하고 단단하게 살아가는 법을 전해주었던 정재경 작가가, 이번에는 《커리어 가드닝》을 통해 젊은 세대에게 어떻게 라이프를 설계할지에 대하여 짚어줍니다. 8년간 매일 글을 쓰는 극도의 성실함을 가진 정 작가는 자신의 삶을 돌아보면서 그동안 쌓아온 삶의 기술들 — 글쓰기, 식물 돌보기, 배움의 습관, 인생의 지혜 — 을 진로와 커리어를 어떻게 설계할지 고민하는 사람들에게 구체적으로 설명합니다. 이 책은 막막함 앞에 선 이들에게 나만의 속도로 성장하는 길이 있다는 것을 친절히, 그리고 현실적으로 잘 안내해 주는 귀한 책으로, 일독을 권합니다.

조용주 변호사, 《책 속을 걷는 변호사》 저자

그녀는 새로 태어나고 또 태어나기를 망설이지 않는 식물을 닮았다. 기자로 시작한 커리어는 창업가로, 작가로, 라이프 코치로 그 영역을 거침없이 확장해 왔다. 그것이 저절로 되었을 리 있었을까? 자기 안의 유전油田을 찾아 시추공을 수차례 꽂아 실험을 거듭한다. 마침내 발견한 그곳을 향해 열정과 열심의 태도로 단단히 뿌리 내리고 봄, 여름, 가을, 겨울 사계절의 순환의 흐름에 때로는 순응하고 때로는 강인하게 맞서며 수많은 가지와 잎사귀와 열매를 맺어왔다. 정재경은 아주 자그마한 씨앗을 애지중지 키워나가고 그것을 마침내 사랑스러운 꽃과 야무진 열매로 키워내고야 만다. 그녀에 관한 아주 사적인 비밀을 공유하자면 '변신의 귀재'라는 점이다. 그녀는 변화하는 시대에 맞는 옷을 입을 줄 안다. 그녀 안에서 움직이는 시계에 맞추어 새로운 페르소나를 장착하고 그것을 늘 최대치로 키워나가는 정재경은 이 시대 최고의 커리어 가드너이다.

천지윤 해금 연주가, 서래마을 예술서점 해금서가 대표

커리어 가드닝
나만의 길을 찾아 평생 아름답게 가꾸는 삶의 기술

1판 1쇄 인쇄 2025년 6월 19일
1판 1쇄 발행 2025년 6월 30일

지은이 정재경
펴낸이 김성구

책임편집 고혁
콘텐츠본부 양지하 김초록 이은주 류다경 이영민
디자인 어나더페이퍼
마케팅부 송영우 김지희 강소희
제작 어찬
관리 안웅기 이종관 홍성준

펴낸곳 ㈜샘터사
등록 2001년 10월 15일 제1-2923호
주소 서울시 종로구 창경궁로35길 26 2층 (03076)
전화 1877-8941 **팩스** 02-3672-1873
이메일 book@isamtoh.com **홈페이지** www.isamtoh.com

ⓒ 정재경, 2025, Printed in Korea.

이 책은 저작권법에 따라 보호를 받는 저작물이므로 무단전재와 복제를 금지하며,
이 책의 내용 전부 혹은 일부를 이용하려면 반드시 저작권자와 ㈜샘터사의 서면 동의를 받아야 합니다.

ISBN 978-89-464-2310-7 03810

값은 뒤표지에 있습니다.
잘못 만들어진 책은 구입처에서 교환해 드립니다.

샘터 1% 나눔실천
샘터는 모든 책 인세의 1%를 '샘물통장' 기금으로 조성하여 매년 소외된 이웃에게 기부하고 있습니다.
2024년까지 약 1억 1,650만 원을 기부하였으며, 앞으로도 샘터는 책을 통해 1% 나눔실천을 계속할 것입니다.